꼭 만들고 싶은
생활 소품

꼭 만들고 싶은 생활 소품

2013. 9. 27 1판 1쇄 인쇄
2013. 10. 8 1판 1쇄 발행

지은이 | 박영애, 박미자, 청강아카데미
펴낸이 | 이종춘
펴낸곳 | BM 성안당

주소 | 121-838 서울시 마포구 양화로 127 첨단빌딩 5층(출판기획 R&D 센터)
     | 413-120 경기도 파주시 문발로 112(제작 및 물류)
전화 | 02)3142-0036
     | 031)955-0511
팩스 | 031)955-0510
등록 | 1973.2.1 제13-12호
출판사 홈페이지 | www.cyber.co.kr
ISBN | 978-89-315-7697-9 (13630)
정가 | 19,000원

이 책을 만든 사람들

기획·진행 | 아홉번째서재
책임 | 최옥현
교정·교열 | 아홉번째서재
편집·표지디자인 | 아홉번째서재
제작 | 구본철

이 책의 어느 부분도 저작권자나 BM 성안당 발행인의 승인 문서 없이 일부 또는 전부를 사진 복사나 디스크 복사 및 기타 정보 재생 시스템을 비롯하여 현재 알려지거나 향후 발명될 어떤 전기적, 기계적 또는 다른 수단을 통해 복사하거나 재생하거나 이용할 수 없음.

※ 잘못된 책은 바꾸어 드립니다.

꼭 만들고 싶은*
생활 소품

성안당

 책을 펴내면서...

재봉틀, 퀼트 그리고 자수까지 곁들여
손끝에서 만들어 낼 수 있는
꼭 만들고 싶은 소품.

요즘 작은 텃밭을 가꾸며 가족의 먹거리를 손수 재배하는 사람들과 직접 텐트를 치고 식사를 준비하며 가족과의 여유를 갖는 캠핑을 즐기는 사람들이 늘어나는 이유는 무엇일까요?
아마도 획일화되고 정형화된 일상생활 속에서 벗어나 자신과 가족에게 편안한 자유와 행복을 느끼고 싶은 간절함이 아닐까 생각해 봅니다.

하지만 좀 더 집안으로 시선을 돌려 가까운 곳에서 찾아본다면 어떨까요. 집안에서 필요한 소품들을 내 손으로 직접 만들어 본 사람이라면 완성된 순간의 작품을 보면서 느낀 기쁨과 보람을 잊지 못할 것입니다. 이런 작은 행복을 원하는 분들에게 만드는 방법을 직접 설명하고, 어떻게 하면 좀 더 쉽고 편리하게 만들 수 있도록 소개해야 할까에 대해 스스로 거듭나기를 여러 해 해왔습니다. 하지만 마음처럼 선뜻 한 권의 책으로 엮어내기가 쉽지 않았습니다. 하지만 첫 번째 책「재봉틀로 꾸미는 행복한 우리집-홈패션 D.I.Y」를 공동으로 집필해본 경험을 통해 새로운 책을 기다리는 분들에게 작은 보탬이라도 드리고 싶은 마음에 용기를 내어 이 책을 출판하게 되었습니다.

20년 넘게 손끝으로 작품을 준비하고 완성하는 과정을 함께 지켜온 강사생활의 노하우를 바탕으로 시시각각으로 변하는 흐름에 발 빠르게 맞추되, 실용성과 편안함을 놓치지 않도록 패브릭과 체크, 리넨과 자연염색 소재를 바탕으로 누구나 좋아하는 스타일로 작품을 구성하였습니다.
또한, 책에 수록된 모든 작품들에는 재봉틀, 퀼트 그리고 손자수까지도 손쉽게 다가갈 수 있도록 곁들여 보면서 손끝에서 엮어낼 수 있도록 구성하였습니다.
작지만 무엇인가에 변화를 주고 싶지만 선뜻 그 용기가 나지 않는 분들이 이 책을 통해, 바느질을 하고 있으면 행복해지는 여자의 마음으로 정성껏 직접 만들어보세요. 아름답고 멋스런 작품들을 가까운 분들과 나눔으로 느낄 수 있는 뿌듯한 만족감과 자신감이 더할 수 있을 것입니다.

여러 작품을 접하면서 다양한 감촉을 가진 아이템으로 계절마다 분위기를 바꿔줄 수 있다는 것, 그래서 다양하게 오래 사랑할 수 있다는 점이 이 책에 담긴 소품들의 매력입니다. 이 책과 만나게 될 모든 분들이 조금이나마 자신감을 얻고 행복을 느낄 수 있게 되길 바랍니다. 감사합니다.

저자 박영애

홈패션에 퀼트를 접목하고, 누구나 쉽게 만들 수 있게

20년 전의 이야기입니다.

1994년, 둘째 아이가 네 살 되던 해까지 전업주부로 지내왔습니다. 어떤 일을 하면 좋을까 고민하던 시기에 홈패션학원을 보게 되었고, 방문해서 상담을 해보니 잘 할 수 있을 것 같아 "도전해보자"라는 생각이 들어 시작하게 되었습니다. 다행히 홈패션이 적성에 잘 맞아 신기할 만큼 쉽게 배우게 되었고, 수년 동안 친척과 주변의 지인들의 입소문에 힘입어 집에서 하는 부업임에도 자신감을 가지게 되어 창업을 하게 되었습니다. 10년간 가게를 운영하며 손재주와 꼼꼼한 실력을 인정받아 여성복지회관 강사로 위촉되어 수업을 운영하게 되었고 현재 평생학습센터에서 수강생들의 꾸준히 호응을 얻어 강사로 역임하고 있습니다.

2009년, 9명의 강사님들과 「재봉틀로 꾸미는 행복한 우리집-홈패션 D.I.Y」 책을 집필하며 지나온 자리를 되돌아보게 되었고 홈패션에 퀼트와 다양한 소재를 접목해서 작품을 만들어야겠다는 생각을 가지게 되었습니다. 그 후 누구나 '쉽게' 도전할 수 있는 책을 만들기 위해 부단히 노력하였고 이 책을 집필하게 되었습니다.

항상 뒤에서 응원과 격려로 함께 해주신 전희숙 회장님, 공동 집필하신 박영애 강사님,

그 외 도움을 주신 많은 분들께도 깊이 감사드립니다.

이 책을 만난 많은 분들이
새로운 것에 도전하시길 응원하며…

저자 박미자

꼭 만들고 싶은 생활소품
차례

의류와 모자

두건 ··· 062

여밈조끼 ··· 064

고전치마 ··· 069

모자(해지) ··· 074

바지(실내복) ··· 079

원피스(실내복) ··· 083

주방과 생활

오븐렌지 커버 ··· 087
오븐렌지용 장갑 ··· 091
오븐렌지용 손잡이와 ··· 093
다용도 꽂이 ··· 095
무릎 담요 ··· 098
무릎 담요 커버 ··· 100

쿠션과 방석

원방석 ··· 103
삼각형 쿠션 ··· 107
헤드 쿠션 ··· 110
나뭇잎 쿠션 ··· 112

"찻잎 따기에서 달여 마시기까지 다사(茶事)로써 몸과 마음을 수련하여 덕을 쌓는다."
신라 화랑에 의해 시작된 다도는 이미 중국과 일본에서는 유명하다. 마음의 안정과 심신 단련에 참 좋은 다도처럼 그 세트를 직접 만들어 사용해보자.

다도세트

컵받침대 세트 … 115

컵커버 … 118

다포 … 122

다완 주머니 … 125

다구커버(주전자) … 130

다도용 앞치마 … 134

다도바구니 … 139

수저함 … 144

지갑과 가방

여권지갑 … 147

허리쌕 … 152

프레임 지갑 … 158

장지갑 … 162

스마트폰 케이스 … 165

목욕바구니 … 171

여행용 가방 … 174

백팩(배낭) … 182

백인백 … 188

알루미늄 휠 백 … 195

* 두건

음식을 할 때 사용하거나 평소 햇볕차단으로
머릿결을 보호할 수 있는 두건.
원단은 민무늬 소재보다는 여러 색감과 혼합되어 있는 소재의 거즈 원단으로
만들면 눈에 띄고 개성있는 스타일을 연출할 수 있다.

만들기 p.062

✱ 여밈조끼

전통의상에 한결 멋을 내어 천연원단
을 이용해 만든 여밈조끼는 차분한
분위기와 느낌을 준다. 고전치마와
함께 멋을 낼 수 있다.

만들기: p.064

✱ 고전치마

여밈조끼와 세트로 어우러진 치마는 편안하면서도 고풍스러운 느낌을 자아내게 한다.
어두워 보이는 색상으로 무게감을 드지만 소재만은 한결 가벼워 편안하게 입을 수 있다.

만들기 p.069

✲ 해지 모자

해지 원단으로 만드는 모자는 무게가 매우 가벼워 봄, 여름, 가을에 코디할 수 있다.
해지 원단은 주로 치마나 남방, 여름철 의상들을 함께 만들 때 사용한다.

만들기 p.074

✻ 바지(실내복)

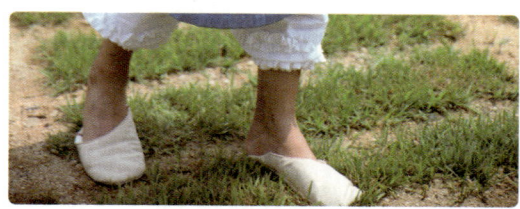

여름철에 실내에서 가볍게 입고 생활할 수 있는 바지.
흰색 원단으로 만든 옷은 가볍고 바람이 잘 통하며
원피스와 함께 코디하면 좋다.

만들기: p.079

원피스(실내복)

모자와 같은 해지 원단으로 만드는 원피스는 실내에서 간편하게
입을 수 있다.
의상에 따라 여름철 야외에서도 가볍게 입을 수 있으며
청색의 해지로 시원한 느낌을 한 몫 더해준다.

만들기: p.083

오븐렌지 커버

사용 횟수가 적은 오븐렌지에 커버를
만들어주면 먼지를 피할 수 있다.
오븐렌지의 크기에 따라 사이즈를
조절해서 만들어보자.

만들기 p.087

* 오븐렌지용 장갑과 손잡이

오븐렌지에 사용하는 손잡이와 장갑을
커버 만들고
남은 원단을 이용하여 만들어보자.
디자인도 한 톤으로 맞출 수 있어
주방을 한층 돋보이게 한다.

손잡이 만들기: p.091

장갑 만들기: p.093

✲ 다용도 꽂이

종종 잃어버리기 쉬운 소품이나
자주 찾는 물품을
다용도 꽂이에 두고 편리하게 사용하자.

만들기 p.095

* 무릎 담요

*무릎 담요 커버

두툼하게 느껴지는 무릎 담요는
4계절 어느 때나 사용하기 좋다.
차량이나 사무실, 야외 어디에서든
사용하기가 좋아 보인다.   만들기: p.098

무릎 담요를 담아 다닐 수 있는 커버.
소풍이나 캠핑을 갈 때 수납가방으로
편리하게 사용할 수 있다.   만들기: p.100

✱ 원방석

차분하면서 고풍스러운 전통의 원방석은
단정함을 강조한다.
고급스러운 천연 원단을 이용하여
한결 무게감을 줄 수 있다.

만들기 p.103

✻ 삼각형 쿠션

삼각형 모양으로 만든 쿠션은 잠자리에 사용하기 좋은 쿠션으로, 목베개 용도로도 좋다.
침실에 어울리는 원단을 이용하여 만들어보자.

만들기 p.107

* 헤드 쿠션

나른함이 밀려오는 오후에 잠시 단잠을 채워주듯
목의 편안함을 제공해주는 헤드 쿠션은
남녀노소 할 것 없이 필요한 아이템이다. 만들기 p.110

*나뭇잎 쿠션

언제 어디서나 필요한 쿠션은 한가로운 오후에
잠을 청할 때 베개로도 사용이 가능하고
등받이로 사용할 수 있다.
나뭇잎으로 만들어진 쿠션은 두 가지 모두를 충족시켜준다.

만들기 p.112

다도 세트

"찻잎 따기에서 달여 마시기까지 다사(茶事)로써
몸과 마음을 수련하여 덕을 쌓는다."

신라 화랑에 의해 시작된 다도는 이미 중국과 일본에서는 유명하다. 마음의 안정과 심신 단련에 참 좋은 다도처럼 그 세트를 직접 만들어 사용해보자.

* 컵받침대 세트

※ 컵 커버

039
다도 세트

* 다포

041

* 다완 주머니

* 다구커버(주전자)

* 다도용 앞치마

만들기 p.134

* 다도바구니

* 수저함

047
다도 세트

※오이풀꽃이란? 야생화로, 장미과 식물이며, 잎을 뜯어서 비벼주면 오이냄새가 나서 이름이 오이풀꽃이다.

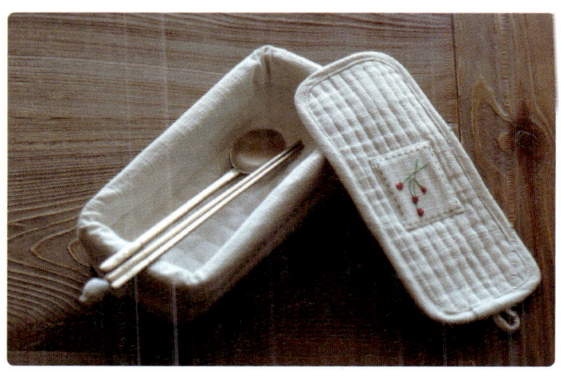

여권지갑

여권지갑은 실제로 사용하는 용도보다 보관하는 용도로 많이 사용한다. 장시간 보관할 때나 해외여행 시 유용하게 사용할 수 있는 여권지갑은 하나쯤 갖추어도 괜찮은 아이템이다.

*허리쌕

가벼운 옷차림에 지갑이나 핸드폰을
들고 다니기 귀찮다면
허리쌕을 메고 나가보자.
허리에 가볍에 둘러멘 느낌이
두 손에 부담을 덜어주어
유용하게 사용할 수 있다.

만들기 p.152

✲ 프레임 지갑

퀼트에서 주로 만드는 프레임 지갑은 한땀한땀 정성이 들어가는 고급스러운 원단과 바느질로 손이 가는 가방이다. 다양한 프레임으로 여러가지 모양의 지갑의을 만들 수 있다.

✱ 장지갑

손에 들고 다니는 지갑으로는 장지갑만한 게 없다. 특히 핸드메이드 장지갑은 유난히 눈에 띈다.
손쉽게 구할 수 있는 장지갑 겉면에 예쁜 천을 입힌 장지갑은 만들기도 쉽고
개인의 취향에 따라 멋지게 꾸밀 수 있다.

만들기 p.162

스마트폰 케이스

자꾸 커지는 스마트폰.
평소에는 가방에 넣고 다닐 때도 많지만
손에 들고 다니는 경우가 많다.
가벼운 외출 시에
지갑과 보조가방으로도 사용할 수 있다.

* 목욕바구니

방수원단(라미네이트)과 메쉬원단을 이용하여
가볍게 들고 다닐 수 있는 목욕바구니.
플라스틱으로 된 목욕바구니에 날개를 입혀보자.

✱ 여행용 가방

가벼운 여행을 떠날 때
옷가지와 소모품을 담아갈 수 있는 가방은
언제나 필요한 아이템이다.
무작정 크다고 좋은 것도 아니고
작으면 많이 담을 수도 없기 때문에
자신에게 맞는 크기의 가방이 필요하다.
천연 원단으로 만들어진
고급스러운 여행용 가방을 들고
여행을 떠나보면 어떨까?

만드는 법 p.174

✱ 백팩(배낭)

유행을 타지 않는 백팩은
언제나 가지고 다니기 좋은 가방이다.
어깨에 부담이 가지 않아 좋은 배낭을 만들어보자.

만들기 p.182

✳ 백인백

가방 속 가방, 이너백으로 활용할 수 있는 가방으로
소모품이나 잡다한 것을 정리해서
큰 가방에 넣어두는 역할을 한다.
여기서 만드는 백인백은 작은 소도품용 백인백이다.

만들기 p.188

✻ 알루미늄 휠 백

알루미늄 휠을 이용해서 넓직하게 만들어 수납할 수 있는 손가방이다.
쇼퍼백보다는 작지만 유용하게 사용할 수 있는 가방으로
가볍게 들고 다닐 수 있다.

만들기 p.195

두건

■ 완성 크기 : 108cm×28cm

원단과 재단 사이즈

※ 실물본 사용

거즈 원단(전체 110cm×60cm)

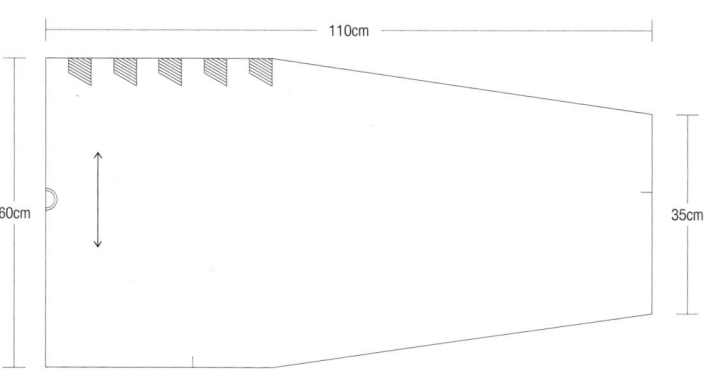

이렇게 만들어 보세요!

※실물본 사용

1. 시접을 주고 실물본대로 재단한다.
2. 앞 중심과 뒤 중심은 30cm로 재단하고 묶는 곳 35cm 지점부터 5cm씩 줄어들게 재단한다. (01)
3. 앞, 뒤를 겹쳐서 묶어주는 끝 부분에 창구멍을 두고 전체를 박음질한다. (02)
4. 뒤집은 후 뒷면은 중심선에서부터 오른쪽 10cm를 주름잡고, 왼쪽 10cm 부분을 주름잡는다. 뒷면은 90cm로 하고 앞면은 108cm로 하여 완성한다. (03~04)

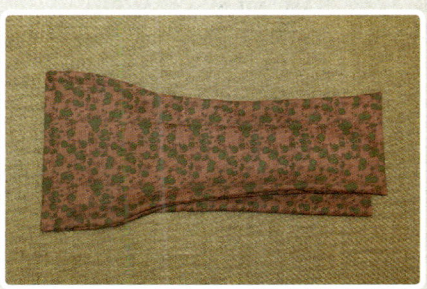

01 앞 중심과 뒤 중심은 30cm로 재단하고 묶는 곳 35cm 지점부터 5cm씩 줄어들게 재단한다.

02 겉감과 안감에 창구멍을 두고 박음질한다.

03 창구멍을 막고 뒷면에 주름을 잡아 박음질한다.

04 완성된 작품입니다.

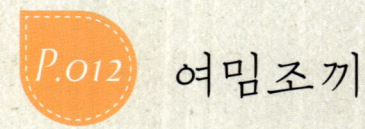

여밈조끼

원단과 재단 사이즈

■ 완성 크기 : 공통치수

※실물본 사용

❶ 천연염색 누빔 원단(2mm 누빔) 겉감(135cm×70cm), 끈(4cm×40cm), 사각 액세서리(4.5cm×5.5cm) 4장

❷ 패브릭 퀼트 나염 원단 안감(110cm×90cm)

• **필요한 부자재** – 인형솜 약간

이렇게 만들어 보세요!

1. 겉감의 앞면(좌·우)를 1장씩 재단한다(등_앞면 1장(누빔 원단), 속지 1장(패브릭 원단) / 앞_패브릭 원단 속지(좌·우)를 1장씩 각 1장씩). (01~02)

2. 먼저 등과 앞 옆솔기를 박음질한다. (03)

3. 겉끼리 마주보게 하여 뒷면으로 놓고, 어깨 부분만 남긴 후 박음질한다. (04~05)

4. 곡선 부분에 가위집을 주고 뒤집어준다. (06~11)

5. 어깨선을 창구멍 쪽에서 윗면, 옆면 순서로 박아주고, 창구멍을 공그르기한다. (12~17)

6. 겉면에서 1cm 안쪽으로 홈질하여 마무리한다. (18~21)

7. 여밈끈 만들기 끈(4cm×40cm) 2줄을 박음질하여 뒤집기하고 사각 액세서리(4.5cm×5.5cm)를 만들어서 끈을 넣어준다. 창구멍으로 인형 솜을 넣은 후 공그르기한다. (22~28)

8. 예쁘게 자수를 넣어주어 완성한다. (29~30)

01 누빔 겉감을 등 1장과 앞면 좌우 2장을 재단한다.

02 속지(안감)도 겉감과 같이 동일하게 재단한다.

03 속지(안감) 양 옆선을 박고 겉지도 옆선을 박음질한다.

04

05 목선과 팔 쪽에 어깨 시접을 두고 전체를 박음질한다.

06

07

08 겉지 어깨선을 박음질하고 속지 창구멍만 남겨준다.

09 곡선 부분과 모서리 부분의 시접을 잘라준다.

10

11 겉면 창구멍을 막아준다.

12 옆솔기를 박음질한다.

13 창구멍으로 뒤집어준다.

14

15 창구멍을 공그르기로 박음질한다.

16

17

18 목선과 팔 쪽, 몸통 전체를 0.5cm 간격으로 홈질한다.

19

20

21

22 앞 섶 모서리에 하트 장식으로 문양을 넣어 홈질한다.

23

24 끈(4cm×40cm) 2줄을 박음질 후 뒤집는다. **25**

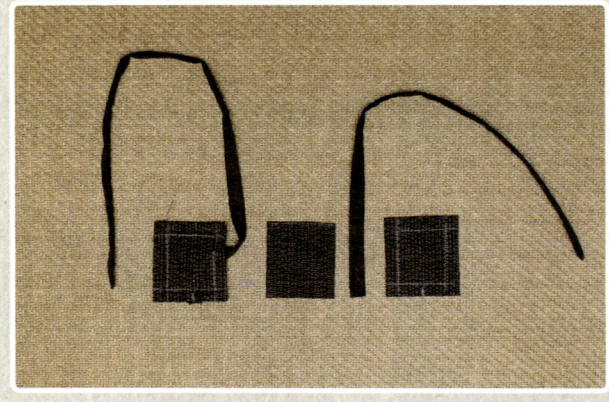

26 사각 액세서리 4장(4.5cm×5.5cm)을 준비한다. 앞뒤로 끈을 넣고 창구멍을 남기고 박음질 후 뒤집어준다. 2개를 만든다.

27 창구멍에 인형솜을 넣고 막아준다.

28 2개의 끈이 만들어진 모습이다.

동영상 QR 코드
꼭만들고싶은생활소품
자수 놓는 방법

29 조끼 뒤 목선과 묶을 끈에 자수를 놓는다.

30 앞면 왼쪽과 오른쪽에 끈을 달아주면 완성된다.

고전치마

P.013

원단과 재단 사이즈

- 완성 크기 : 85cm(길이), 74cm(허리)

※실물본 사용

① 천연염색 누빔 원단(2mm 누빔) 겉감(110cm×180cm), 안감(110cm×110cm)
• 필요한 부자재 – 콘솔지퍼(검정·25cm) 1개, 고무밴드(2cm×20cm)

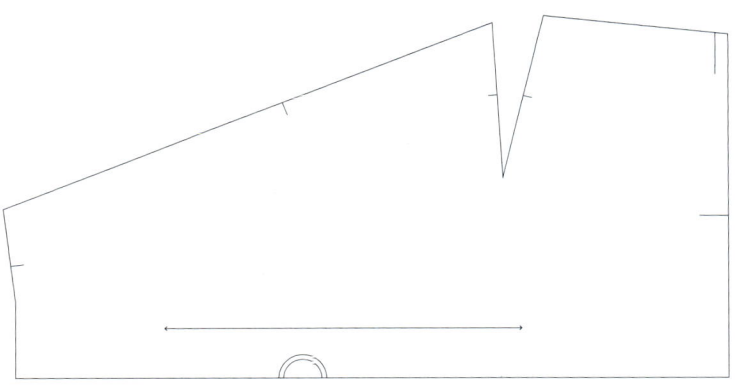

이렇게 만들어 보세요!

1. 앞, 뒤 시접을 주고 동일하게 재단한다.
2. 안감(110cm×55cm) 2장을 재단한다(허리 안단 50cm×9cm 2장).
3. 먼저 밑단 옆면에 다트를 박음질한다. (01~02)
4. 오른쪽 솔기를 박음질하고 왼쪽 부분도 2.5cm 남기고 박음질한다. (03~04)
5. 왼쪽 25cm 남긴 곳에 콘솔지퍼 노루발로 지퍼를 달아준다. (05~06)
6. 중심선에서 8.5cm 위치에 다트 폭을 2cm 넓이로 잡은 후 12cm 길이로 내려가게 하여 박음질한다. 앞 2군데, 뒤 2군데를 박음질한다. (06~07)
7. 겉감 안단에 안지 옆면 박은 것을 탁음질한 후, 누빔 허리 단을 박음질한다. (08~14)

01 실물본 사용해 재단한 후 앞, 뒤 옆솔기를 오버로크한 후 다트선을 박음질한다.

02

03 오른쪽 전체 옆솔기와 왼쪽 지퍼 달 부분 25㎝ 정도를 남기고 합폭하여 박음질한다.

04

05 콘솔지퍼 노루발로 지퍼를 달아주고 중심선에서 8.5㎝ 위치에 다트(2㎝×12㎝) 길이로 내려가게 박음질한다.

06

07

08 안감 옆솔기를 박음질한다.

09 지퍼 부분은 18cm를 남겨두고 박음질 한다.

10 허리 안단선 지퍼 쪽은 박음질하지 않고 반다쪽 옆솔기를 박음질한다.

11 안감과 합폭하여 박음질한다.

12 콘솔지퍼를 시접선으로 넣고 박음질 한다.

13

14 허리선의 3cm 완성선을 박음질한다.

15 안감과 밑단 1cm를 반복하여 접고 박음질한다.

16 겉감 밑단 옆솔기를 중심으로 10cm 고무밴드 시침을 박음질 하고 1cm 접은 후 3cm 크기가 되도록 박음질한다.

17

18

19 요요 원지름 7cm 2장, 5cm 3장의 끝을 0.3cm로 접어가면서 홈질하여 모양을 만든다.

20 끝부분에서 실을 잡아당긴다.

21 7cm 2장, 5cm3장, 총 5장을 만든다.

22 적당한 위치에 놓고 줄기는 아웃트라인 스티치로 수를 놓는다.

23 완성된 작품입니다.

24

P.016 모자(해지)

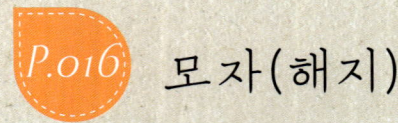

원단과 재단 사이즈

■ 완성 크기 : M

※ 실물본 사용

해지 원단(전체 110cm×135cm)

- **필요한 부자재** – 아사심지(110cm×45cm), 실크심지(110cm×90cm)

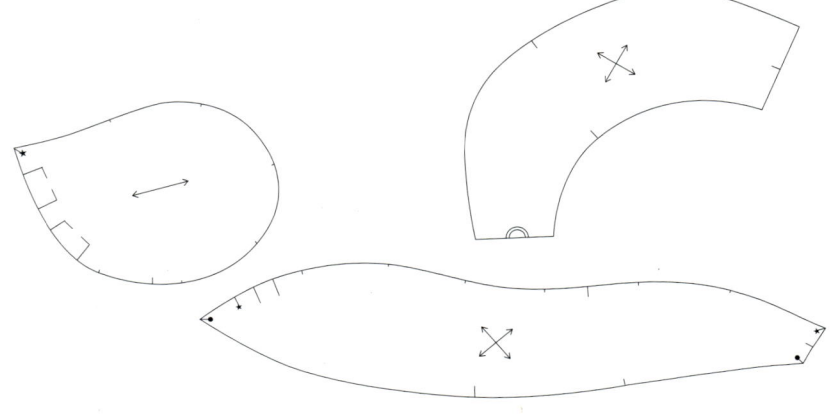

이렇게 만들어 보세요!

1. 앞, 뒤, 창, 각각 1장씩 재단하고 속지도 같게 재단한다. 시접은 각 0.7cm씩 준다.
2. 모자 윗부분도 각각 속지, 겉지 3가지를 동일하게 재단한다.
3. 머리 부분의 실크심지를 다림질 한다. (01~02)
4. 창 부분의 아사심지도 다림질 한다. (03)
5. 겉면끼리 박음질하고, 속지끼리 박음질한다. (04~05)
6. 창 윗면 옆에 창구멍을 두고 전체를 박음질한 후 뒤집는다. (06~13)
7. 뒤집은 후 창구멍을 막고 다시 다림질로 모양을 낸다. (14)

 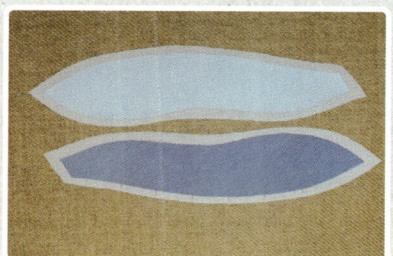

01 모자 윗면과 옆면, 뒷면에는 실크심지를 다림질로(실물본 참조) 부착한다(겉과 속 2장씩 부착).

02

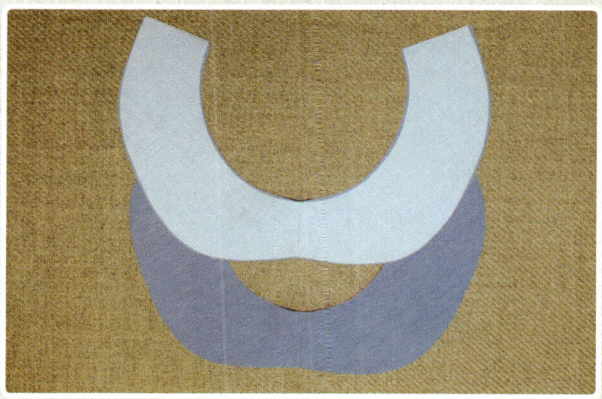

03 앞창과 뒤창은 아사심지를 부착해서 다림질한다(겉과 속지 모두 부착).

※ 아사심지와 실크심지를 시접 없이 재단한다.

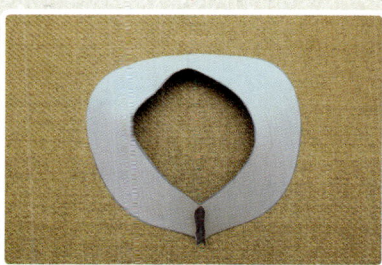 

04 옆솔기를 박아준다.

05

06 옆면을 실물본대로 주름을 접어서 머리 윗면과 둘레를 박음질한다.

07

08 윗면과 옆면을 박음질한다. 속지도 같은 방법으로 박음질한다.

09 앞창과 뒤창도 연결해준 다음, 속지 1장도 같은 방법으로 연결해준다.

10

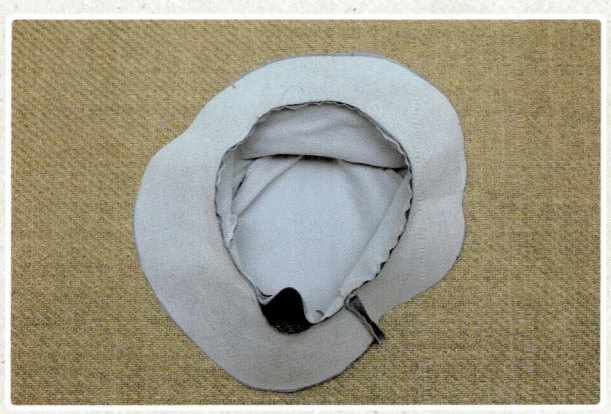

11 속지 창 부분 옆면에 창구멍을 남기고 전체를 박음질한다.

12

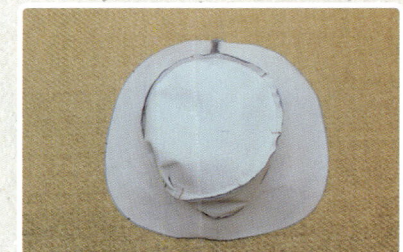

13

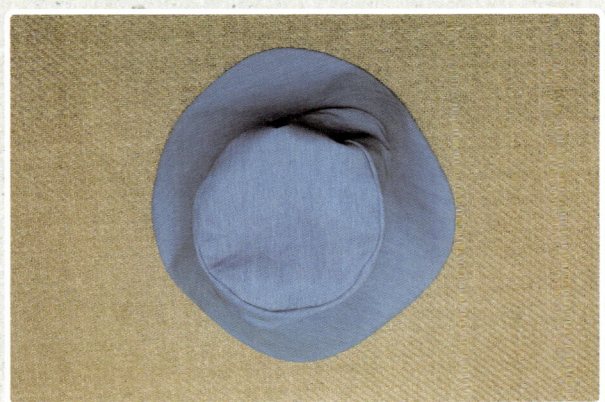

14 뒤집어서 창구멍은 공그르기한다.

15 액세서리는 해지 원단(7cm×8cm)을 7장 재단한다.

16 7cm 방향으로 반 접어서 홈질한 다음 방울 솜을 넣고 방울을 7개 만든다.

17

18

19 글루건을 사용해서 7개의 액세서리를 고정핀에 부착한다.

20 연결된 액세서리에 진주를 꿰매주면 한 층 시원해 보인다.

21 고정핀에 액세서리를 부착한다.

22 액세서리와 연결하여 완성한다.

바지(실내복)

■ 완성 크기 : Free

원단과 재단 사이즈

아사면 원단(110cm×200cm)

※ 실물본 사용시 시접주기

옆면시접 1.5cm, 밑위시접 1cm, 위아래 시접 3cm

- **필요한 부자재** – 고무밴드(1.2cm×100cm), 레이스(1.5cm×120cm)

이렇게 만들어 보세요!

1. 실물본을 사용하여 앞판 2장, 뒤판 2장, 위에 주어진 시접대로 재단한다.(04)
2. 프릴(5cm×600cm) 양면을 말아 박음질하여 준비한다.(01)
3. 주름 노루발을 이용해 주름을 잡는다.(02~03)
4. 바깥쪽 시접선을 박음질 한다(양쪽).(05)
5. 밑 완성선의 15cm 위치에 주름을 달아주고, 그 아래 주름은 5cm 위에 달아준다.(06)
6. 안쪽 시접선을 따라 박음질한 후 옆솔기를 오버로크한다.(07~08)
7. 밑단을 1cm 접고, 5cm 접은 자리에 고무밴드를 1.5cm 안으로 들어가도록 박음질한다. 끝부분에 레이스를 달아준다.(09~1)
8. 허리를 1cm를 접고, 2cm로 박음질하여 밴드가 들어가도록 넣은 후 다시 박음질한다.(12~13)

01 프릴은 바이어스(5cm×600cm) 재단해서 양면으로 말아 박음질한다.

02 노루발을 이용해 박음질하고, 주름노루발을 이용해 주름을 잡아 준다.

03

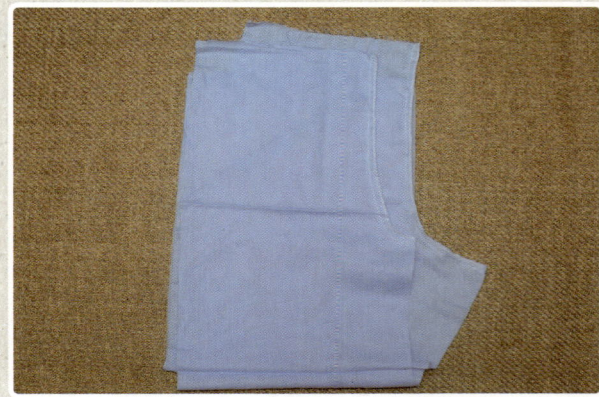

04 실물본을 사용하여 앞판 2장과 뒤판 2장을 위에 주어진 시접대로 재단한다.

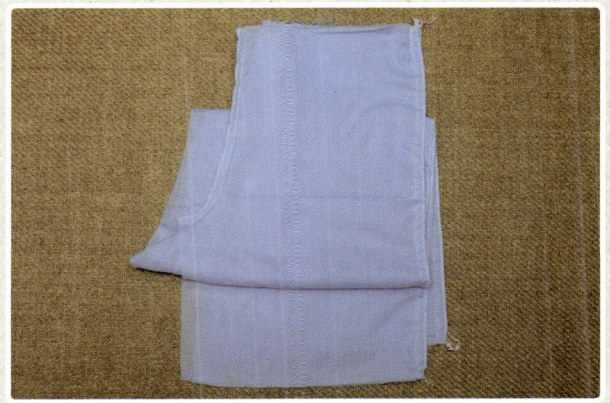

05 양쪽 바깥쪽의 시접선을 박음질한 후 오버로크한다.

06 밑 완성선 15cm 위치에 프릴을 달아주고 그 아래 프릴은 5cm 위에 달아준다. 안쪽 시접선을 따라 **박음질**한 후 옆솔기를 오버로크한다.

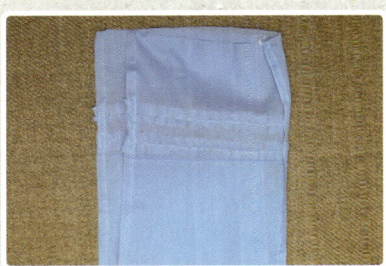

07

08

09 밑단을 1cm 정도 접고, 5cm 접은 자리에 고무밴드를 1.5cm 안에 들어가도록 박음질 한다.

10

11 끝부분에 레이스를 달아준다.

12 허리를 1cm 접고, 밴드가 들어가도록 넣은 후 2cm로 박음질한다.

13

원피스 (실내복)

원단과 재단 사이즈

■ 완성 크기 : Free

❶ 청색, 흰색 원피스 해지 원단(전체 110cm×270cm)
❷ 바이어스(4cm×120cm) ❸ 어깨 끈 바이어스(3.5cm×32cm) 2장

※ 실물본 사용시 시접주기

옆면 시접 1.5cm, 허리선 시접 1cm, 목 부분 2cm, 밑단 3cm, 앞 단추선 3.5cm

• **필요한 부자재** – 스냅단추 11조, 실크접착심 가로(3.5cm×80cm) 2장

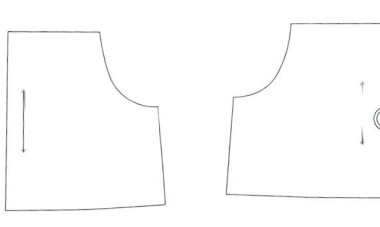
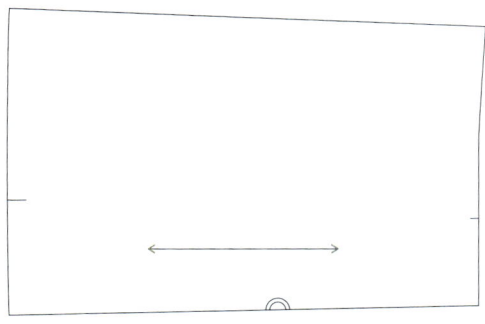

이렇게 만들어 보세요!

1. 실물본을 사용하여 각기 다른 시접대로 재단한다. (01~02)
2. 위(상동) 목선 앞판 2장과 뒤를 1cm로 반복하여 접은 후 박음질한다.
3. 앞 중심선의 단추선 양쪽에 실크접착심을 붙여준다. (03)
4. 앞, 뒤(상동) 옆솔기를 합폭하여 박음질한다. 치마도 동일하게 옆솔기를 박음질한다. 시접솔기는 가름슬기도 한다. (05)
5. 허리선 치마는 앞쪽 시접을 포함하여 10cm를 남겨두고 주름발을 사용해 주름을 잡는다. (06)
6. 상동과 허리 부분을 합폭하여 박음질한다. (08~11)
7. 어깨끈은 바이어스(58cm)를 연결하여 동그랗게 만든다. 그 상태에서 1cm를 박음질하고 겉면에서 마무리한다. (12~14)

8. 밑단에 시접선 3cm 중 1cm만 접고, 2cm를 다시 접은 상태로 박음질한다. (08)
9. 앞 단추선(중심선) 3.5cm를 반복으로 접은 후 1.75cm가 되도록 박음질한다. (10~11)
10. 스냅단추를 7cm 간격으로 11조 양쪽으로 달아준다. (15~16)

01 실물본을 사용하여 각기 다른 시접대로 재단한다.

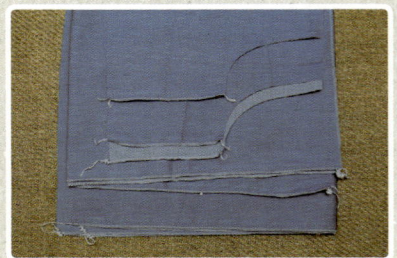

02

03 앞 중심선에 실크접착심을 다림질해 붙이고 앞판과 뒤판 옆솔기를 박음질한다.

04 목선 앞, 뒤판을 1cm 반복하여 접고 박음질한다.

05 아래치마 부분은 옆솔기 앞, 뒤판과 합폭하여 박음질한 후 앞 중심선에 실크접착심을 붙인다. 옆솔기는 가름솔로 한다.

06 치마의 앞 중심선은 시접을 포함하여 10cm 남겨두고 주름발을 이용해 주름을 잡아준다.

07

08 허리선은 합폭하여 박음질한 후 오버로크한다. 다음 밑단 시접선 3cm 중 1cm를 접고 2cm로 반복하여 접은 상태로 박음질한다.

09

10 허리선은 겉면에서 눌러 박음질한다.

11 앞 중심선 3.5cm를 반복하여 접고 1.75cm가 되도록 박음질한다.

12 어깨끈은 바이어스(58cm)를 연결해 동그랗게 만든다.

13 어깨끈 바이어스와 몸판의 어깨부분을 맞대고 안쪽으로 1cm를 박음질한다.

14 그 상태에서 1cm를 접고, 1cm로 다시 반복하여 접은 상태로 박음질한다.

15 스냅단추를 7cm 간격으로 11조를 양쪽에 달아준다.

16

P.020 오븐렌지 커버

원단과 재단 사이즈

■ 완성 크기 : 전체(124cm×40cm), 앞면덮개(52cm×36cm)

선염 체크 원단(전체 110cm×180cm)

❶ 선염 체크 원단 앞면 덮개(52cm×8cm) 2장, 속지 52cm×36cm) 1장
❷ 패치 조각 원단 앞면(52cm×26cm) 1장, 옆면 주머니(18cm×20cm) 2장
❸ 2온스 접착솜(110cm×140cm) ❹ 바이어스(4cm×460cm)

※ 바이어스 재단은 시접 없음.

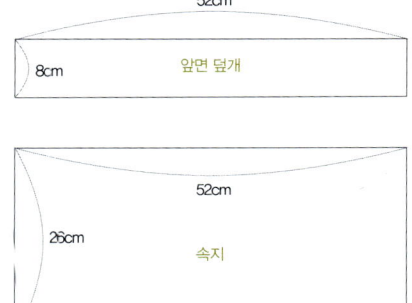
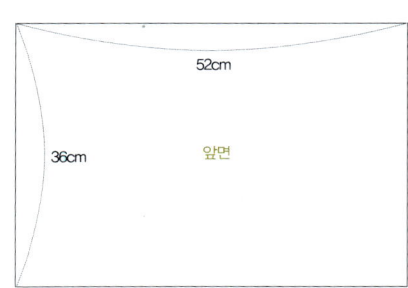
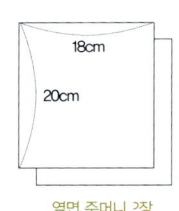

이렇게 만들어 보세요!

1. 본판(124cm×40cm), 속지(124cm×40cm) 1장씩 재단한다(앞면 덮개 52cm×36cm 속지 1장).
2. 선염 체크 원단 앞면 덮개(52cm×8cm) 2장을 재단한다.(02)
3. 패치조각 원단 앞면(52cm×26cm) 1장을 자단한다.(02)
4. 패치조각 원단 옆면 주머니(18cm×20cm) 겉, 속지 각 2장씩 재단한다.(03)
5. 패치조각 원단 앞면(52cm×26cm)과 패치조각 원단 옆면 주머니(18cm×20cm)를 가로로 연결해서 시접을 위로 하고 홈질한 다음 2온스 솜을 부착해서 뒷면과 합쳐준다.(04~08)
6. 뒷면과 합쳐준 가장자리를 바이어스로 박음질 한다(윗면은 제외).(10~11)
7. 본판도 2온스 접착솜을 부착한다. 뒷면과 합체해서 앞면 덮개를 앞 중심에 박은 후 가장자리 전체를 바이어스로 박음질한다.(12~14)
8. 옆 주머니 5번의 겉, 속지 2온스 솜을 창구멍을 두고 박음질해서 뒤집은 후 아래에서 6cm 중심에서 윗면과 두고 홈질한다.(15~18)

01 본판에 2온스 접착심지를 다림질로 부착한 후 속지와 시침질 후 박음질을 한다.

02 앞면 패치원단과 배색원단 위, 아래를 재단한다.

03 덮개 주머니도 2장씩 안감, 속지 순서로 재단한다.

동영상 QR 코드
꼭만들고싶은생활소품
시침 박음질

04 앞면 패치원단과 배색원단을 연결한 후 접착솜과 속지를 시침질 후 박음질한다.

05

06 시접을 패치 방향으로 넘기고 위, 아래를 홈질하여 안정감을 준다.

07

08

동영상 QR 코드
꼭만들고싶은생활소품
바이어스 싸기

09 앞면 아래의 모서리를 둥글게 자른다.

10 폭 4cm로 자른 바이어스를 뒷면에서 박은 후 아랫면에서 박음질을 한다. ※ 윗면은 남겨두고 U라인만 바이어스로 박음질한다.

11

12 앞판을 본판 중심에 겉면으로 시침질 후 박음질을 한다.

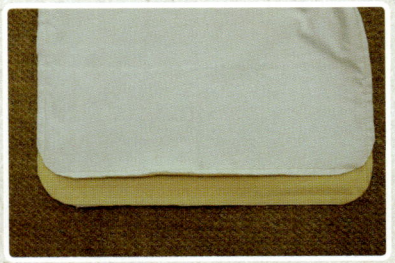

13 본판 전체를 바이어스로 마무리해준다.

14

15 주머니 창구멍을 남기고 전체 박음질을 한 다음 뒤집어준다.

16

17 본판 옆면 좌우 중심에 홈질로 주머니를 달아준다.

18

오븐렌지용 장갑

■ 완성 크기 : 27cm×14cm

원단과 재단 사이즈

① 체크 선염지 손등(겉지, 속지 16cm×30cm) 1장쓰 ② 패치 원단 손바닥(16cm×22cm) 1장, 체크 원단(16cm×23cm) 1장 ③ 패치원단 엄지(16cm×23cm) 1장, 속지(16cm×23cm) 1장
④ 끈길이(4cm×17cm) 1장
• 필요한 부자재 – 퀼트솜 6온스(55cm×45cm)

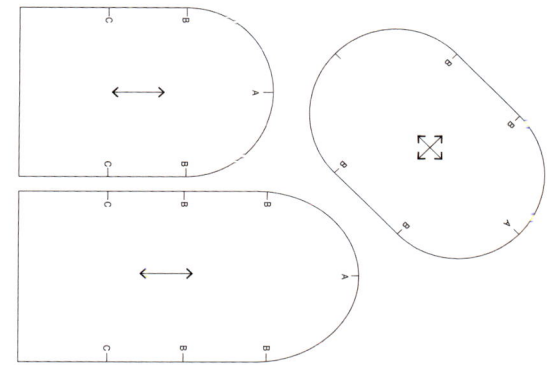

이렇게 만들어 보세요!

1. 실물본에 시접을 1cm씩 주고 겉과 속지를 각 1장씩 재단한다.(01)
2. 6온스 퀼트솜을 부착하고 겉면끼리 마주보지 박음질한다. 손목 부분(4cm×17cm)은 완성폭이 1.5cm가 되게 4등분으로 접어 끈을 만들고, 링모양으로 박음질한다.
3. 겉면과 속지를 손목끼리 박음질한 후 속지의 창구멍으로 뒤집어 겉면에서 2cm로 박음질한다.

01 손잡이 손등과 바닥 중간 부분과 퀼트솜을 재단한다.

02 손바닥을 시침질한다.

03 속지도 퀼트솜을 부착하는데 이때 손바닥 부분에는 솜을 한 장 더 부착한다(잡을 때 뜨겁기 때문에).

04 겉감 박은 것과 안감 박은 것을 합체한다.

05 끈(4cm×17cm)을 4등분으로 접은 후 박음질하고 입구 쪽에 링모양으로 박음질한다.

06 바이어스(4cm)를 박음질하여 완성한다.

오븐렌지용 손잡이

■ 완성 크기 : 15cm×28cm

원단과 재단 사이즈

❶ 본판 앞면(17cm×10cm) 2장, 뒷면(17cm×30cm) 1장
❷ 패치 원단 중간(17cm×10cm) 1장
❸ 프릴(4cm×125cm)
• 필요한 부자재 – 2온스 퀼트솜(55cm×45cm), 매직테이프(30cm)

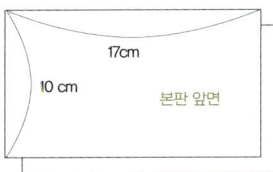

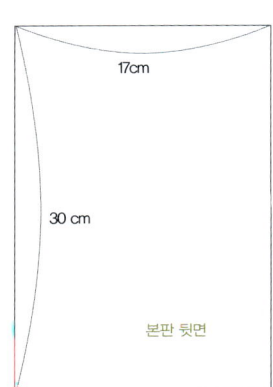

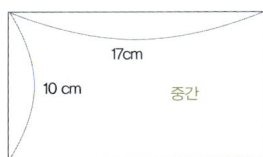

이렇게 만들어 보세요!

1. 겉지, 안지(18cm×28cm) 각 1장씩 재단한다.(01~02)
2. 프릴(4cm×250cm)로 주름잡은 길이는 약 125cm이다.(03~04)
3. 겉지의 패치조각에 프릴 만든 것을 위, 아래에 박음질한 후 본판에 박음질한다.(05~06)
4. 본판에 2온스 솜을 부착 후, 프릴을 가장자리 전체에 박음질 후 뒷면과 마주보고 박음질한 후 뒤집어준다.
5. 왼쪽과 오른쪽 길이에 매직테이프로 고정시킨다.

01 오븐 손잡이 겉감과 안감, 퀼트솜을 재단한다.

02 2cm로 박음질한 레이스로 패치 위, 아래에 박은 후 배색원단을 박음질한다.

03 앞면 뒤에 퀼트솜을 놓고 전체를 돌아가면서 레이스를 박음질한다.

04 창구멍을 남기고 뒷면과 박음질한다.

05 뒤집은 후 창구멍을 막고 매직테이프 좌우를 박음질한다.

06

07

다용도 꽂이

원단과 재단 사이즈

■ 완성 크기 : 30cm×45cm

❶ 아즈미노 원단 앞면(32cm×47cm) ❷ 끈(12cm×22cm) 2장
❸ 솔리드 원단 뒷면(32cm×47cm) ❹ 퀼트 원단 주머니(30cm×25cm) 2장
• 필요한 부자재 – 거즈 접착심지(32cm×47cm) 1장, (30cm×25cm) 1장, 싸개단추 2개, 싸개단추 쌓는 퀼트 원단(지름 5cm) 2장, 원목봉(45cm) 1개

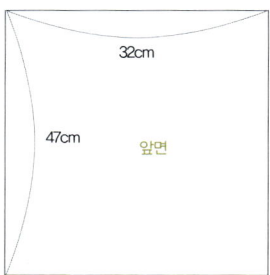
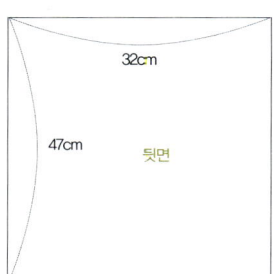
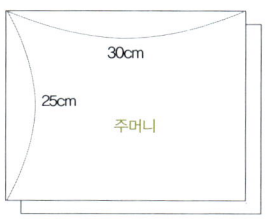

이렇게 만들어 보세요!

1. 앞면, 뒷면(32cm×47cm)를 각 1장씩, 주머니(30cm×25cm) 2장을 재단한다.
2. 주머니 앞면과 본판 앞면에 거즈 접착심지를 붙여 물을 뿌린 후 다림질한다.(01)
3. 주머니는 속지와 겹쳐서 뒤집어 가장자리를 박음질하여 완성한다.(02)
4. 본판 앞면에 4번 주머니를 가장자리 4cm씩 두고 박음질한다.(09)
5. 앞면 위 가장자리 6cm 안쪽으로 들어와서 끈을 박음질한다.(04)
6. 앞과 뒤를 합체해서 뒤집어서 가장자리를 1.5cm로 박음질한다.(05~06)
7. 지름 5cm에 싸개단추를 만들어준다. 가장자리에 홈질을 해서 단추를 넣고 당겨준다.(10)
8. 고리는 윗면에서 14cm 내려오게 달고, 1.5cm를 중심으로 단추도 고정시킨다.(10)

01 뒷면에 퀼트솜을 부착한다.

02 가장자리를 박아 뒤집어서 주머니를 홈질로 공그르기한다. 이때 윗면에 주름을 잡아준다.

03 끈(12×22cm) 2장을 박음질한 후 뒤집기한다.

04 뒷지 앞면에 가장자리 6cm 안쪽에 중심으로 해서 끈을 박음질한다.

05 뒷면 뒤지를 앞면에 놓고 박음질한다.

06

07 옆 창구멍으로 뒤집어서 공그르기로 막아준 다음, 고리를 앞면으로 넘겨 14cm 내려온 지점에 박음질한다.

08 준비한 주머니를 아래에서 5cm 올라간 지점에 중심을 잡아 윗면만 빼고 박음질한다.

09

10 문양을 맞추어 싸개단추로 장식해서 고리 부분에 달아주고 원목봉을 끼우면 완성된다.

11

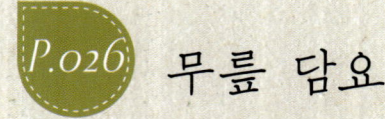

무릎 담요

■ 완성 크기 : 105m×110cm

원단과 재단 사이즈

① 양면 쟈가드 원단(130cm×180cm)
② 배색 쟈가드 원단(130cm×90cm)

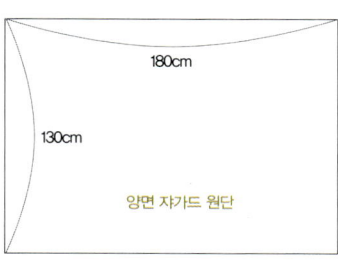

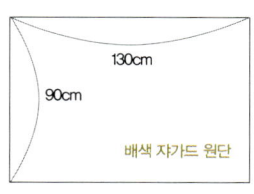

이렇게 만들어 보세요!

1. 양면 쟈가드 원단 앞면(24cm×25cm)을 25장 재단한다(앞면 배색 쟈가드 본판 12장, 뒷면 양면 쟈가드 배색 13장).
2. 양면 쟈가드 원단 뒷면(107cm×12cm)을 재단한다(25장 연결된 사이즈대로 뒷면을 재단하면 된다).
3. 본판, 배색 순서로 재단 원단의 옆면 5장을 연결한다. (01~03)
4. 세로도 5장씩 연결하여 총 25장을 모두 연결한다.
5. 앞면과 뒷면을 겉끼리 마주보게 하고 가장자리를 박음질한 후 창구멍으로 뒤집는다. 1.5cm 가장자리를 1cm 간격으로 홈질한다. (04~07)

01 배색 원단과 본판 원단 순서로 5줄을 박음질한다.

02 가로 5줄 세로, 5줄씩 박은 것을 정방향이 되게 사각을 만들어서 앞면을 완성한다.

03

04 뒷면(107cm×112cm) 재단한 원단과 앞면 패치 연결한 것을 마주 보고 창구멍을 남기고, 박음질 후 뒤집는다.

05

06

07 실을 2겹 1cm 간격으로 홈질한다.

무릎 담요 커버

■ 완성 크기 : 33m×14cm(지름)

원단과 재단 사이즈

양면 쟈가드 원단(전체 130cm×45cm)

❶ 본판 가로(35cm×62cm) 2장 ❷ 옆면(지름 16cm) 4장 ❸ 손잡이(17cm×8cm) 1장

• 필요한 부자재 – 고무밴드 10cm, 액세서리 단추 1개

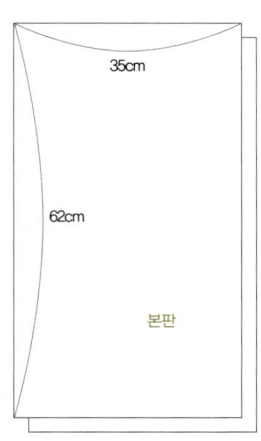

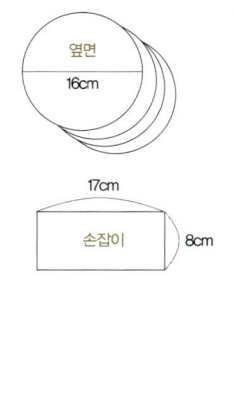

이렇게 만들어 보세요!

1. 본판 가로(35cm×62cm) 2장을 재단한다.(01)
2. 남은 원단으로 옆면(지름 16cm) 4장을 재단한다.(03)
3. 손잡이(17cm×8cm) 1장을 폭 3cm가 되도록 접어서 박음질한다.(02)
4. 옆면에 손잡이를 중심에 박음질한다.(03)
5. 겉면에 옆면을 좌우로 박음질한다.(05)
6. 둥글게 말리는 쪽 중심에 10cm 고무밴드를 접어 박음질한다.(04)
7. 겉지와 속지를 합체해서 창구멍을 두고 박음질한다.(06~07)
8. 뒤집은 후 1.5cm 가장자리를 박음질한다.(08~10)
9. 덮개 반대편 중심에서 16cm 내려간 지점에 단추를 달아준다.(11)

01 담요 커버 본판, 겉지 속지 옆면 겉지 속지를 재단한다.

02 손잡이(17cm×8cm) 1장을 3cm가 되도록 접어 박음질한다.

03 지름 16cm 중심에 손잡이를 박음질한다.

04 커버 본판 중심에 10cm 고무밴드를 박음질한다.

05 겉감과 속지를 같은 방법으로 박음질해 놓는다.

06 입구와 덮개 쪽을 창구멍을 두고 박음질한다.

07

08 뒤집어서 창구멍을 막고 가장자리를 겉면에서 박음질한다.

09

10

11 덮개 반대편 중심에서 16cm 내려간 지점에 단추를 달아준다.

12

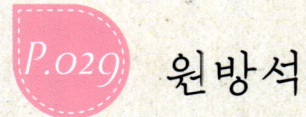

원방석

■ 완성 크기 : 60cm×60cm

원단과 재단 사이즈

천연염색 원단 앞면(13cm×30cm) 18조각, 뒷면(63cm×63cm) 1장,

앞면 중심(지름 10cm) 1장, 속지 광목 원단(63cm×63cm),

※실물본 사용

• **필요한 부자재** – 지퍼(60cm), 노끈(0.5cm×190cm), 목화솜 완성품(지름60cm)

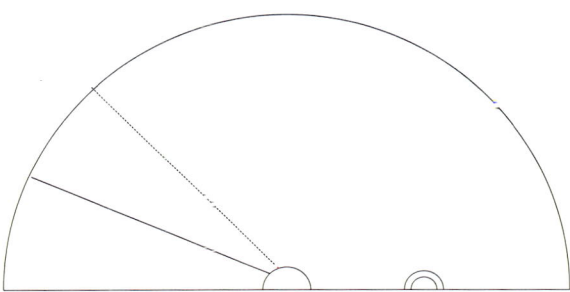

이렇게 만들어 보세요!

1. 앞면(13cm×30cm) 18조각을 재단한다.
2. 시접 1cm씩 두고 각각 연결하여 박음질한다.(01)
3. 중심에 달 원단(지름 10cm)을 공그르기로 꿰매준다.(02~05)
4. 뒷면 중심에 지퍼를 달아준다.(06~07)
5. 앞면 가장자리에 파이핑 박음질한다(파이핑 칼사용).(09~11)
6. 뒷면과 앞면을 마주보고 가장자리를 박음질한다. 목화솜을 넣고 마무리한다.(12~13)

01 실물본을 사용하여 천연염색 원단(13cm×30cm) 18조각을 재단하고 시접을 1cm씩 두고 박음질 한다.

02 가장자리를 홈질로 바느질해서 당겨 원으로 만든다.

03 중심에 달아줄 원단(지름 10cm)을 공그르기로 꿰매준다.

04 겉감과 속지 광목을 시침질 후 박음질한다.

05

06 뒤판 중심선에 지퍼를 달아준다.

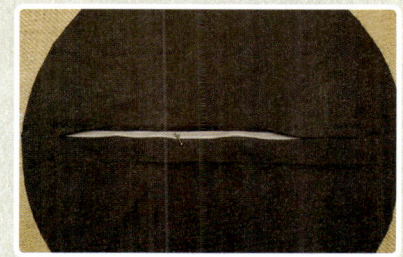
07

08 앞면 가장자리에 파이핑 발을 이용해서 가윗밥을 주고 가장자리를 박음질한다.

09 파이핑은 노끈을 잡아당겨 주고 서로 엇갈리게 박음질하면 두껍지 않고 매끈하게 연결할 수 있다.

10

11

12 앞면과 지퍼를 달아준 뒷면을 마주보며 박음질 후 뒤집어준다.

13 완성품 목화솜(지름60cm)을 넣고 공그르기한다.

14

삼각형 쿠션

■ 완성 크기 : 60cm×44cm

원단과 재단 사이즈

퀼트 원단 겉감(110cm×65cm)

※ 실물본 사용

• **필요한 부자재** – 방울솜(1kg), 싸개단추 2개

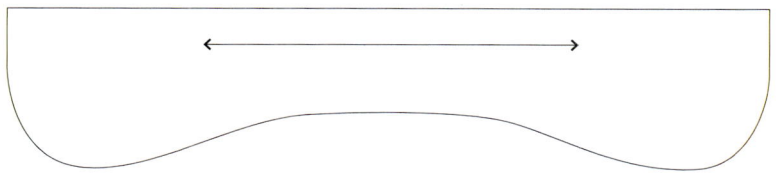

이렇게 만들어 보세요!

1. 사방시접 1cm로 6장을 재단한다.
2. 차례로 둥글게 돌아가며 박음질한다. 한 면 직선 부분에 창구멍을 남긴다. (01~02)
3. 곡선 부분 꼭짓점에서 꼭짓점까지 6장을 차례대로 박음질한다. (03)
4. 박음질 후 창구멍으로 방울솜을 넣은 뒤 손바느질로 공그르기한다. (04~05)
5. 양쪽 꼭짓점에 싸개단추로 마무리한다. (06~08)

01 사방을 시접 1cm로 6장 재단 후 차례로 둥글게 돌아가며 박음질한다.

02 한 면의 직선 부분에 창구멍을 남기고 뒤집는다.

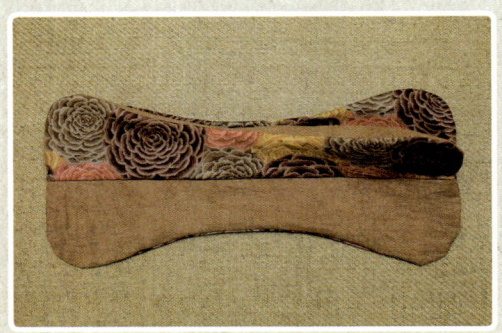

03

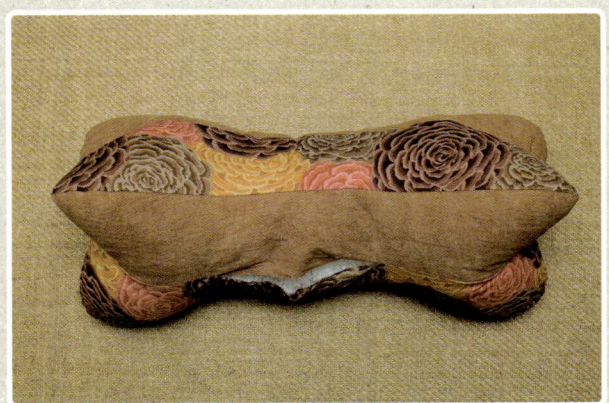

04 창구멍으로 방울솜을 넣은 후 손바느질로 공그르기한다.

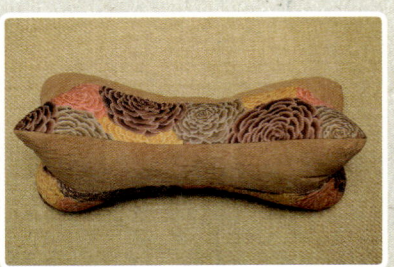

05

06 양쪽 꼭짓점에 싸개단추로 마무리한다. 07

08

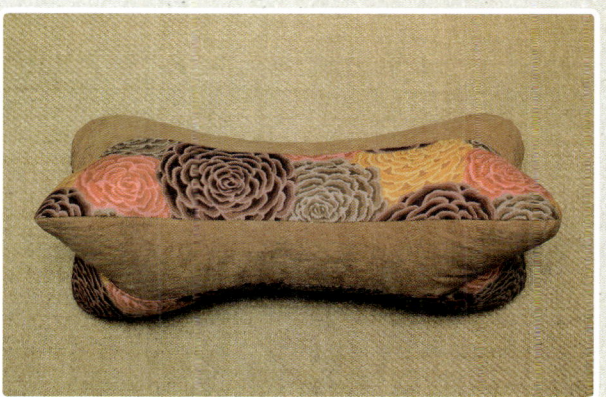

09

 헤드 쿠션

원단과 재단 사이즈

■ 완성 크기 : 43cm×30cm

갤럭시 니트 원단(전체 110cm×45cm)

※ 실물본 사용

• 필요한 부자재 – 방울솜(500g)

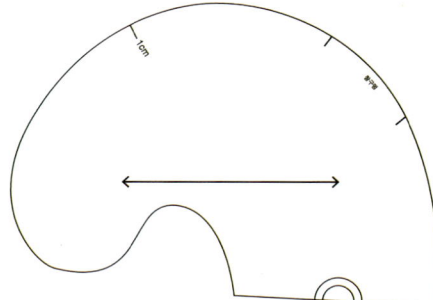

이렇게 만들어 보세요!

1. 바이어스(45cm×32cm)를 결대로 재단한다.(02)
2. 창구멍을 남겨 두고 박음질한 후 뒤집는다.(03)
3. 곡선 부분에 가윗밥을 주고 뒤집는다.(03)
4. 창구멍으로 방울솜(500g)을 넣고 창구멍을 막아준다.(04~05)

01 실물본을 사용하여 바이어스로 자단하고 창구멍 남기고 박음질한 후 곡선 부분에 가윗밥을 주고 뒤집는다.

02

03 가윗밥을 주고 뒤집은 모양

04 창구멍으로 방울솜 500g을 넣고 창구멍을 공그르기한다.

05

나뭇잎 쿠션

■ 완성 크기 : 50cm×32cm

원단과 재단 사이즈

선염 체크 3종류

① 무지 원단 뒷면(55cm×35cm)

② 무지 원단 앞면(30cm×12cm) 1장, 큰 체크(23cm×12cm) 1장, 잔 체크(12cm×32cm) 1장, 잔 체크(17cm×38cm) 1장, 큰 체크(16cm×37cm) 1장

③ 중간줄기(3cm×50cm) ④ 손잡이(6cm×15cm) 1장

※ 실물본 사용

• 필요한 부자재 – 방울솜(500g)

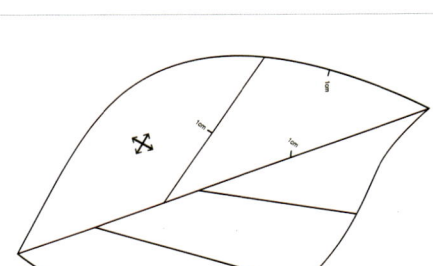

이렇게 만들어 보세요!

1. 패턴 5조각을 시접을 준 후 재단한다. (01)
2. 재단을 바이어스로 한다. (01)
3. 중간줄기(바이어스 3cm×50cm)로 자른 것을 절반으로 접어서 오른쪽에 박음질하고 왼쪽도 박음질한다. (02~03)
4. 뒷면은 무지로 한 장 재단한 것을 앞면과 박음질하기 전, 고리(6cm×15cm)를 절반으로 접어 박음질한 후 뒤집어 꼭지로 달아준다. (04~05)
5. 앞과 뒤를 합폭한다. 창구멍을 두고 박음질한 후 방울 솜을 넣은 후 창구멍을 꿰매준다. (06~11)

01 실물본을 사용해서 시접을 주고 5조각을 바이어스로 재단한다.

02 오른쪽, 왼쪽으로 박음질한다.

03 중간줄기 바이어스를 자른 뒤 절반으로 접어서 오른쪽에 박고 왼쪽도 박음질한다.

04 무지로 한 장 재단한 것을 앞면과 고리(6cm×15cm)를 절반으로 접어 박음질하고 뒤집은 후 꼭지로 달아준다.

05 나뭇잎 꼭지 부분에 고리를 달아준다.

06 앞과 뒤를 창구멍을 남기고 합폭한다.

07

08

09 합폭한 후 뒤집어준다.

10 방울솜을 넣고 공그르기한다.

11

P.037 컵받침대 세트

■ 완성 크기 : 10cm×10cm

원단과 재단 사이즈

무명 20수 원단 겉감(12cm×12cm) 3장, 안감(12cm×12cm) 3장

- 필요한 부자재 – 2온스 접착솜 3장(얇은 원단 사용시 필요), 수수실 약간

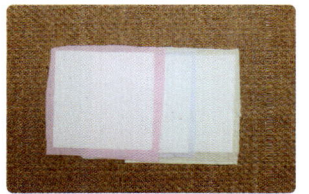

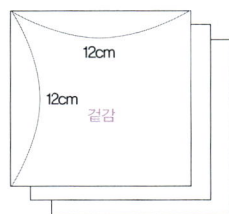
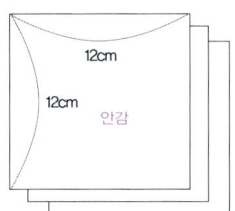

이렇게 만들어 보세요!

1. 컵받침(12cm×12cm) 앞면과 뒷면을 재단 후 앞면에 자수도안을 그려준다. (01~02)
2. 자수실로 잎과 줄기를 백스티치로 자수를 놓는다. (03~04)
3. 스티치를 해준 앞면과 뒷면을 앞면끼리 마주보고 창구멍을 3cm 정도로 남긴 후, 1cm 시접을 두고 가장자리를 박음질한다. (05~06)
4. 뒤집어서 가장자리를 홈질한다. (07~09)

※ 잎 : 리포스티치, 줄기 : 백스티치

01 컵받침(12cm×12cm) 앞면과 뒷면 재단 후 크로바 자수 도안을 그려준다.

02 속지도 겉지와 같게 박음질한다.

03 시접을 바람개비 모양으로 넘겨준다.

04

05 십자수 실로 리포스티치 해준다. 줄기는 홈질로 한다.

06 스티치한 앞면과 뒷면 앞면과 마주보게 놓고 창구멍을 남기고 가장자리를 박음질한다.

07 뒤집어서 가장자리를 홈질한다.

08

09

컵커버

■ 완성 크기 : 7cm×5cm

원단과 재단 사이즈

무명 20수 원단(전체 55cm×45cm)

※ 실물본 사용시(바이어스 재단)

사방 시접 1cm, 겉감 6장 재단, 안감 6장 재단

- 필요한 부자재 – 청동장식(1cm) 6개

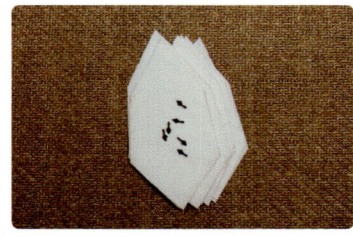

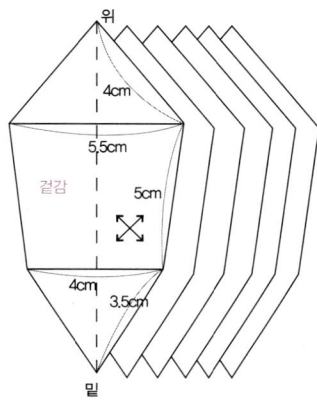

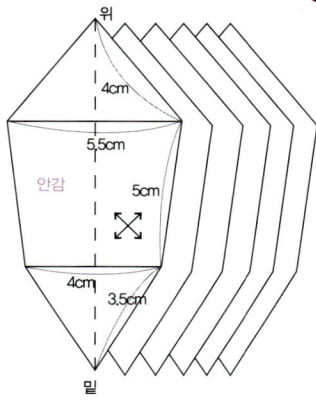

이렇게 만들어 보세요!

1. 6장을 차례로 박음질하되, 위쪽 삼각형 밑면에서 아래 끝점 삼각형 꼭짓점까지 박음질한다. (01~02)
2. 창구멍을 한 면에 남기고 둥글게 만든다. 안감도 동일하게 1, 2번처럼 박음질한다. (03)
3. 겉면끼리 마주하고 위 삼각형 밑 끝점에서 삼각형 꼭짓점 전체를 연결하여 박음질하고 창구멍으로 뒤집는다. (04~08)
4. 창구멍을 공그르기 후 청동장식을 달아준다. (09~12)

01 컵커버 실물본대로 겉지 6장, 속지 6장을 재단하고, 겉지 6장을 좁은 면끼리 뾰족한 부분끼리만 박음질한다.

02 속지도 겉지와 같게 박음질한다.

03 안감과 속지를 창구멍을 세로 면어 한면을 남긴다.

04

05

06 시접부분은 겹쳐지지 않게 박음질해 준다.

07

08 시접 모서리 부분은 잘라주고 뒤집어 준 다음 창구멍을 공그르기한다.

09

10 청동장식 1cm를 모서리마다 6개를 달아준다.

11

12 꽃잎무늬(레이지데이지) 자수로 드티브를 준다.

13

다포

원단과 재단 사이즈

■ 완성 크기 : 35cm×45cm

무명 20수 원단(전체 110cm×45cm)

❶ 본판(37cm×47cm) 2장

• 필요한 부자재 – 자수실 약간

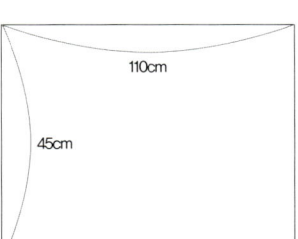

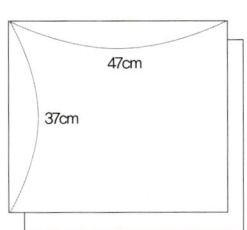

이렇게 만들어 보세요!

1. 앞면에 자수패턴에 따라 밑그림을 그린 패턴에 따라 자수를 놓는다.(01~04)

   꽃잎 – 레이지데이지 스티치, 줄기 – 아웃라인 스티치

   꽃술 – 프렌치넛 스티치, 잎 – 새틴 스티치

2. 시접 1cm 선에 박음질하고 창구멍으로 뒤집은 후 공그르기한다.(05)

3. 뒤집은 앞면 5cm 위치에 1cm 간격으로 2줄 홈질로 완성해준다.(06~08)

01 무명 앞면에 자수패턴 밑그림을 그려준다. **02**

03 꽃잎-레이지데이지 스티치, 줄기 - 아웃라인 스티치 꽃술 - 프렌치넛 스티치, 잎 - 새틴 스티치로 자수를 놓는다.

04 자수 놓은 앞면과 뒷면 1장을 마주 보게 겹쳐 놓는다.

05 시접 1cm를 두고 창구멍을 남긴 후 가장자리를 박음질한다.

06 창구멍을 막고 가장자리에서 5cm 안쪽으로, 1cm 간격으로 2줄씩 홈질로 손바느질한다.

07

08

09 완성된 다포이다.

다완 주머니 2개(1set)

■ 완성 크기 : 대(大) 15cm(지름)×11cm · 소(小) 11cm(지름)×9cm

원단과 재단 사이즈

① 퀼트 원단 겉감(110cm×45cm), 안감(110cm×45cm) ② 겉감 누빔(2mm 누빔)지(110cm×45cm), 면 끈(0.5cm×220cm)

※ 꽃잎, 원지름 실물본 사용

① 소(小) : 13cm×37cm×11cm(원지름×둘레×높이)   ② 고리(2.5cm×5cm) 10개

③ 튤립(5cm×5cm) 2장, 면 끈(50cm×0.6cm) 2줄, 꽃잎 1C장   ④ 대(大) : 17cm×49cm×13cm(원지름×둘레×높이)

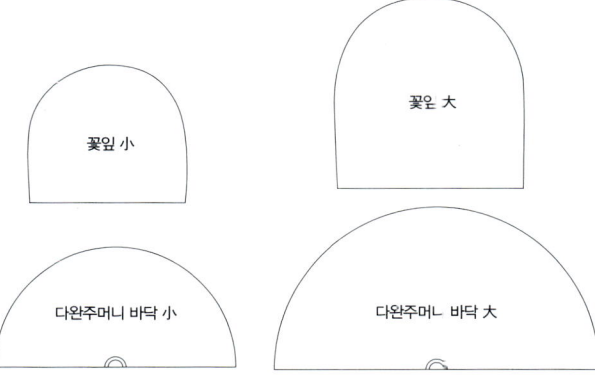

이렇게 만들어 보세요!

1. 꽃잎 만들기 U형으로 박음질 후 뒤집는다. (01~02)
2. 고리 4등분을 접어서 박음질한다. (03)
3. 둘레 옆면을 박음질한다(안감 옆면에 창구멍을 둔다). (05)
4. 겉감끼리 바닥(원)과 옆면을 박음질한다. 안감도 동일하게 해준다. (06~07)
5. 꽃잎, 고리 입구 쪽에서 안감과 합폭하여 박음질한다. (08~10)
6. 창구멍으로 뒤집고 창구멍 공그르기한다. (11)
7. 입구쪽 안감에 홈질로 고정하고 고리에 끈을 양측에서 끼워준 후 튤립을 달아 완성한다(만드는 방법은 소(小), 대(大) 동일하게 하면 된다). (12~19)

01 꽃잎 모양을 U자 모양으로 재단한다.

02 앞면끼리 마주보고 U자로 된 부분만 박음질하고 뒤집어 놓는다.

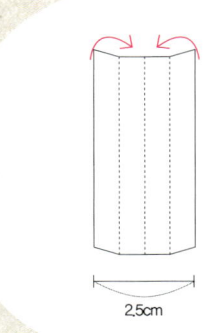

03 고리(2.5cm×5cm)를 4등분으로 접어 10개를 박음질한다.

04 본판 옆면 솔기를 박음질한다.

05 지름 13cm 바닥과 옆면을 연결해서 박음질한다.

06 속지도 옆면 솔기와 바닥을 박음질한다. 이때 옆면 솔기에 중심 부분에 창구멍을 남기고 박음질한다.

07 속지도 옆면 솔기와 바닥을 박음질한다. 이때 옆면 솔기에 중심 부분에 창구멍을 남기고 박음질한다.

08 박음질한 고리를 꽃잎 1장에 2개씩 접어서 핀으로 고정시킨다.

09

10 윗면을 박음질한다.

11 창구멍으로 뒤집은 후 공그르기하고 윗면은 꽃잎을 안정감 있게 홈질로 손바느질한다.

12 조임끈(50cm)을 2줄로 하고, 튤립 꽃(5cm×5cm) 2장을 만들어서 끈을 끼워서 만든다.

13 튤립 꽃 만들기
옆면을 박고 뒤집은 후 50cm 끈을 넣고 홈질로 꿰매 준다.

14 창구멍으로 뒤집는다.

15 공그르기하고 윗면은 꽃잎을 안정감 있게 홈질로 손바느질한다.

16 만든 끈을 오른쪽으로 한바퀴 한 줄, 왼쪽으로 한바퀴 한 줄씩 끼워주고 조여주면 완성된다.

17 오른쪽으로 한바퀴 한 줄을 넣는다.

18 왼쪽으로 한 줄을 넣는다.

19

다구커버(주전자)

■ 완성 크기 : 19cm(지름)×14cm

원단과 재단 사이즈

무명 20수 원단(전체 110cm×45cm)

① 8cm(아래), 6cm(위), 14cm(높이) 안감 8장, 겉감 8장
② 손잡이(12cm×5cm) 1장　③ 박쥐매듭(3cm×3cm) 7장
• 필요한 부자재 – 면 레이스(2.5cm×62cm), 자수실 약간

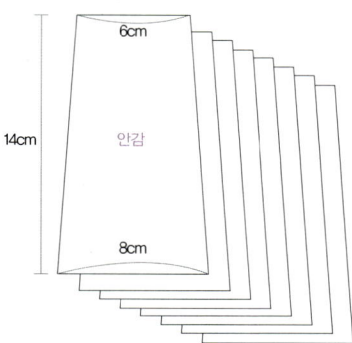

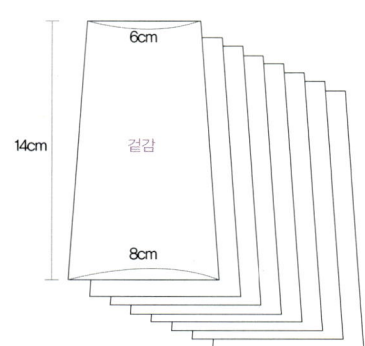

이렇게 만들어 보세요!

1. 겉감 8장을 차례로 박음질해 원형을 만든다. 안감도 동일하게 한다(양면형). (01~06)
2. 겉감의 밑면과 안감의 겉면이 마주하게 한 후, 레이스를 끼워 넣고 박음질한다. (07~11)
3. 윗면은 시접이 2cm가 되도록 접어서 겉면과 안감을 마주하고 1.5cm로 같이 홈질해 당겨서 오므려준다. (12~14)
4. 손잡이는 끝점을 0.5cm로 접고 0.7cm가 되도록 양쪽 면을 박음질한 후 중심 3cm를 접어 공그르기한다. (13)
5. 중심점에 손잡이를 달아준다. (15)
6. 손잡이 위에 박쥐매듭으로 고정시킨다. (16)
7. 박쥐매듭 5개를 만들어 위 4cm 점에 수놓듯이 고정시키면 된다. (17)
8. 밑면을 홈질하면 완성된다. (17)

01 무명 20수 원단(110cm×40cm)을 사다리꼴 형태(위 8cm, 아래 10cm, 세로 17cm)로 재단한다. 겉감 8장, 안감 8장을 재단한다.
※ 앞과 뒤를 구분하기 위해 박쥐매듭(3cm×3cm)을 7장으로 만들어서 미리 부착한다.

02 앞면 8장을 직선으로 박음질한다.

03 속지 8장도 박음질한다.

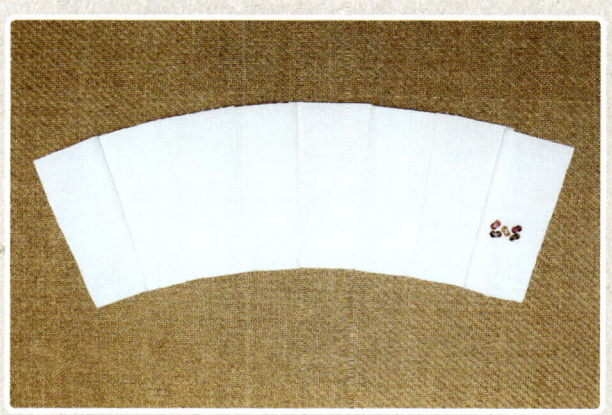

04 원이 되도록 가장자리를 세로로 박음질한다.

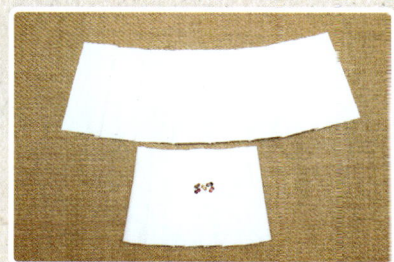

05

06

07

08 밑면에 레이스(2.5cm)를 겉면에 박음질 한다.

09 앞면과 뒷면을 레이스 있는 부분에 같이 박음질한다.

10 윗면으로 뒤집어준다.

11

12 윗면에서 시접 2cm를 안으로 접어서 1.5cm 간격으로 홈질을 해서 당겨서 오므려준다.

13 손잡이(12cm×5cm)를 4등분으로 접어 박음질한다.

14

15 다음 윗면 중심 부분에 좌우로 꿰매준다.

16 꿰매준 자리에 박쥐매듭으로 장식을 달아준다.

17

다도용 앞치마

■ 완성 크기 : Free

원단과 재단 사이즈

❶ 광목 30수 원단(전체 110cm×270cm)
❷ 천연염색 패치용 원단 5가지(12cm×5cm) 16장(시접포함)

※ **실물본 사용시 시접주기**

목둘레 앞 홀 시접 1cm, 옆선 어깨솔기 1.5cm, 앞단 2.5cm

밑단 패치형 1cm 바이어스(3cm×120cm) 1장, 밑단 패치형 1cm 바이어스(3cm×60cm) 2장

허리끈 왼쪽(4cm×110cm), 허리끈 오른쪽(4cm×80cm)

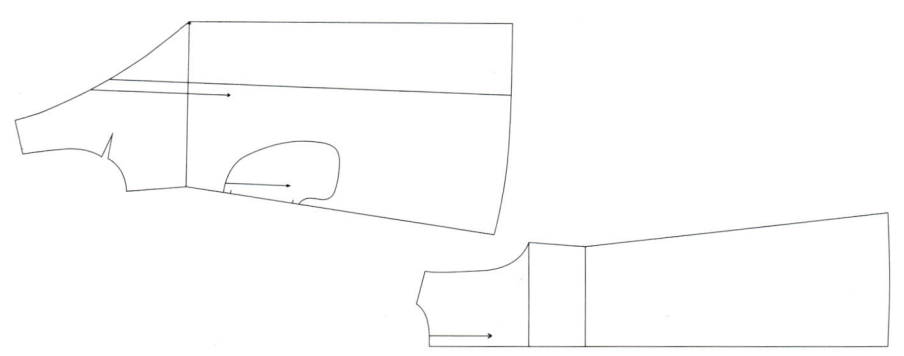

이렇게 만들어 보세요!

1. 광목 30수 본판과 염색 원단을 실물본으로 재단한다.(01)
2. 허리끈 왼쪽(4cm×110cm) 1줄과 오른쪽(4cm×80cm) 1줄을 폭 1cm로 박음질한다.(02)
3. 어깨솔기와 옆선은 오버록한 다음 어깨솔기를 박아준다.(03)
4. 주머니는 4장을 재단해서 2장씩 겹쳐 직선 부분만 남기고 곡선 부분은 박음질하여 오버록한다.(04)
5. 앞판 다트선을 박음질한다.(05~06)
6. 오른쪽 옆솔기도 주머니를 먼저 달고 합폭한다.(07~08)
7. 왼쪽 옆솔기도 주머니를 먼저 달고 합폭한다.(09~10)
8. 끈 넣을 곳을 마무리한다.(11)
9. 염색 패치 원단(12cm×5cm) 16장을 연결해서 밑단 배색을 만들어준다.(12)
10. 본판 아래 뒷면에서 연결한 패치 원단을 겉까지 마주보고 박음질 후 넘겨서 접어 박음질한다.(13~15)
11. 왼쪽(110cm)과 오른쪽(80cm)에 허리끈을 달아준 다음 목선을 접어 박음질한다.(16~17)

12. 소매 부분에 바이어스(3cm×60cm)로 속 바이어스를 박음질한다.(18)

※ 속 바이어스란? 겉면에서 박아 뒷면으로 모두 넘겨서 박음질하는 기법으로 앞면에는 표시가 없다.

13. 끈은 왼쪽으로 넘겨서 허리로 한 바퀴 돌려 묶어준다.(19~21)

01 광목 30수 본판과 천연염색 원단을 실물본대로 본판 앞판과 옆면을 재단한다.

02 허리끈 왼쪽(4cm×110cm) 1줄과 오른쪽(4cm×80cm) 1줄을 폭 1cm로 박음질한다.

03 어깨솔기, 옆선을 오버로크한 다음 어깨솔기를 박음질한다.

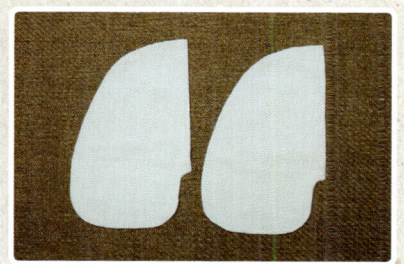

04 주머니는 2장씩 겹쳐서 직선 부분만 남겨두고, 곡선 부분만 시접을 두어 박음질한 후 오버로크한다.

05 앞판 다트선 양쪽을 박음질한다.

06 앞판 다트선의 양쪽을 박음질한다.

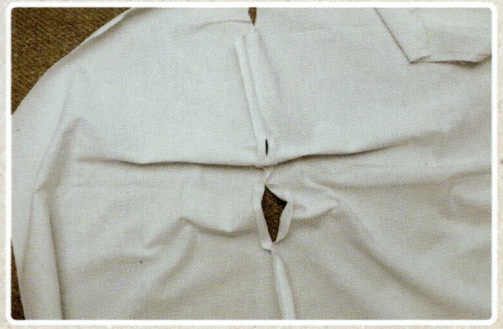
07 오른쪽 옆솔기 전에 주머니를 먼저 박음질한 후 합폭하여 끈 구멍을 남기고 박음질한다.

08 왼쪽 옆솔기는 주머니를 먼저 박음질한 후 합폭하여 박음질한다.

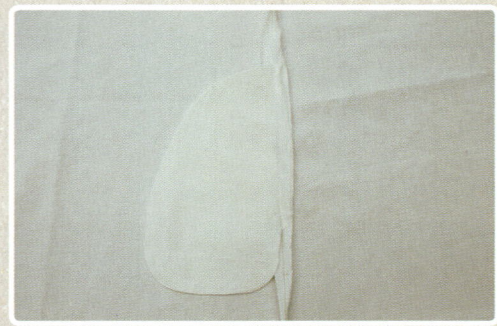
09

10 오른쪽도 주머니를 먼저 박음질하고 합폭한 후에 앞면에서 마무리한다.

11 끈 부분 넣을 곳을 마무리한다.

12 천연염색 패치 원단(12cm×5cm) 16장을 연결해서 밑단 배색을 만든다.

13 밑단 뒷면에서 연결해 놓은 조각 원단을 겉면끼리 마주보고 박음질한 다음 겉면으로 넘겨서 접어 박음질한다.

14

15

16 허리끈은 목선에서 왼쪽에 끈(110cm)을 달고, 오른쪽에 끈(80cm)을 달아준 다음 목선을 박음질한다.

17

18 바이어스(3cm×60cm)로 소매 부분에 속 바이어스로 박음질한다.

19 끈은 왼쪽으로 넘겨 허리를 감싼 후 한 바퀴 돌려서 묶어준다.

20

21

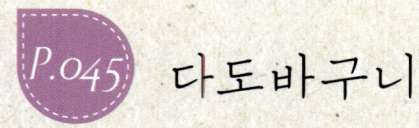

다도바구니

■ 완성 크기 : 35cm×20cm×20cm(폭), 손잡이포함 높이(44cm), 손잡이(16cm×9cm)

원단과 재단 사이즈

무명 20수 원단(전체 110cm×90cm)

❶ 바이어스(4cm×120cm 가량) ❷ 손잡이(11cm×19cm) 1장 ❸ 누빔 원단 덮개(36cm×22cm) 2장
❹ 바닥 누빔 원단(35cm×25cm) 1장 ❺ 덮개 고리(3cm×15cm) 4장

• 필요한 부자재 – 대 바구니 1개, 매직테이프(1.5cm×15cm), 덮개 속 주머니 자수실 약간 (27cm×22cm), 패딩솜

※ 바구니 크기에 따라 만드는 방법은 같다.

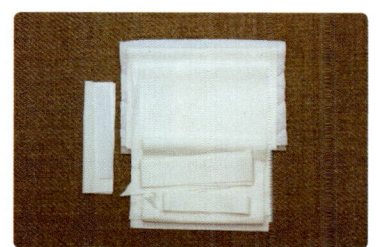

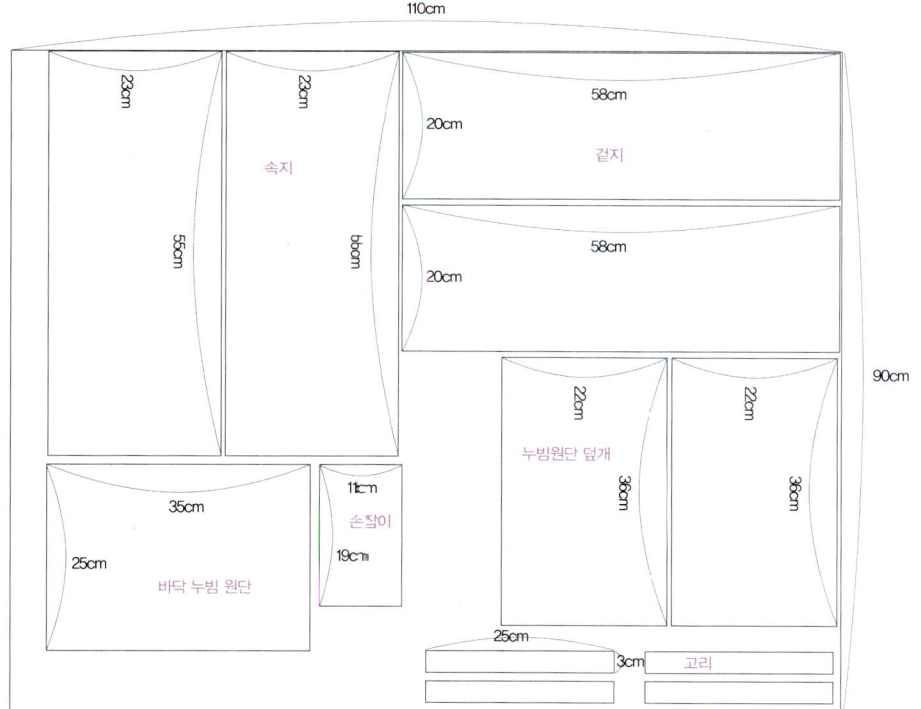

이렇게 만들어 보세요!

1. 겉지(58cm×20cm) 2장, 속지(55cm×23cm) 2장, 누빔솜 바닥(35cm×25cm) 1장, 누빔 원단 덮개(36cm×22cm) 2장, 손잡이(11cm×19cm) 1장을 재단한다.
2. 바닥과 속지를 재단하여 패딩솜을 중앙에 끼워 정사각형으로 누빔한다. (01~02)

3. 속지 2장을 재단하여 연결하고 바구니에 끼운다. (05~07)
4. 바닥 연결 후 속지와 겉지를 손잡이 부분 3.5cm만 남기고 밖으로 접어 박음질한다. 넘긴 바느질 선에 자수실로 홈질한다(러닝스티치). (08~11)
5. 덮개는 누빔 원단을 뒷면에 대주고 1cm 간격으로 직선으로 누빔한다. (12)
6. 덮개 세로 중심에 고리(3cm×15cm) 4장을 폭 1.5cm로 접어박기하고 뒷면에 박음질한다. (13~14)
7. 덮개 가장자리는 바이어스(4cm)로 뒷면부터 박은 후 앞면을 박음질한다. (15~17)
8. 손잡이(11cm×19cm)를 자른 것은 9cm×16cm 되도록 박아준 다음 매직테이프를 박음질한다. (18~21)

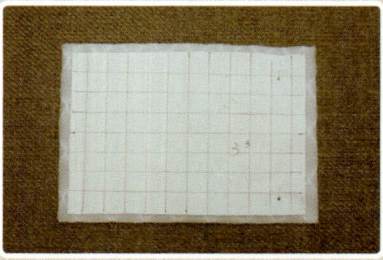

01 바닥(35cm×25cm) 겉지 1장, 속지 1장을 재단해서 패딩솜을 중앙에 끼운 후 정사각형(2cm×2cm)으로 누빔해준다.

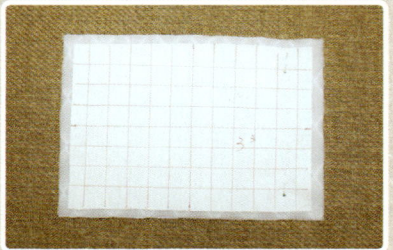

02 누빔된 모습이다.

03 누빔한 바닥에 바구니 속 옆면을 박음질한다.

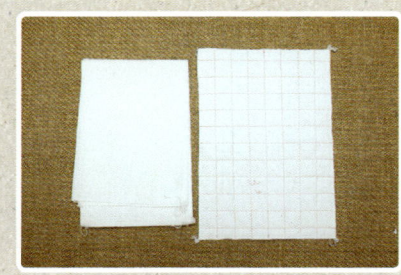

04

05 바구니안에 넣을 속지(55cm×23cm)를 재단한다.

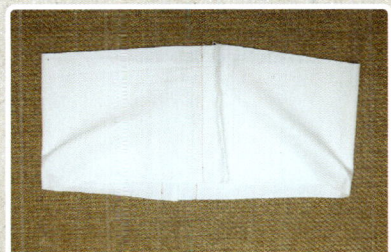

06 속지 2장을 연결한다.

07 연결한 속지를 바구니에 끼운다.

08 바깥쪽 옆면을 양쪽 손잡이 부분든 3.5cm(대나무 손잡이 부분) 빼 가로 길이로 옆면을 박음질한다. 연결한 부분에 0.5cm 간격으로 홈질한다.

09 바깥쪽 옆면을 넘겨준 속지와 양쪽 손잡이 부분(3.5cm)를 남기고 연결한다.

10 연결한 부분에 0.5cm 간격으로 홈질한다.

11 밑단도 2cm 간격으로 접어서 박음질한다.

12 덮개(36cm×22cm)는 겉면과 뒷면 사이에 패딩솜을 대주고 1cm 간격으로 직선 누빔한다.

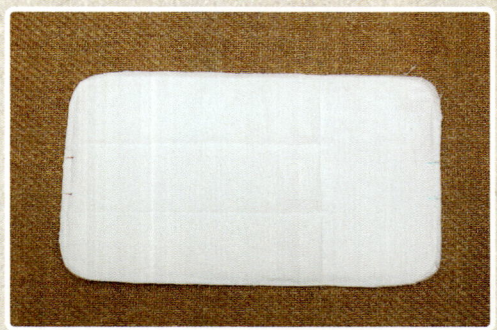

13 직선으로 누빔 후 모서리는 1cm 정도로 둥글게 굴려서 부드러운 선을 만든다.

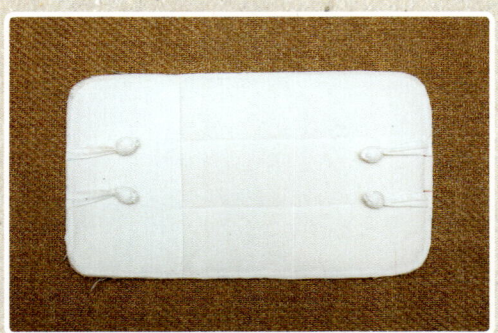

14 덮개 양쪽 뒷면의 양옆 3cm 선에서 고리를 2개씩 달아준다.

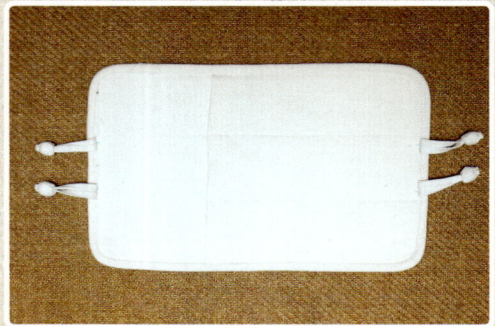

15 바이어스(4cm)를 박음질한다(뒷면에서 1/4 박음질한 후 앞면으로 넘겨서 박음질한다).

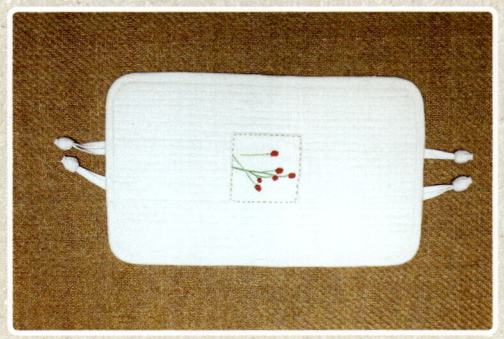

16 윗면의 덮개에 오이풀 꽃 자수를 놓은 패치를 홈질로 손바느질 해준다.

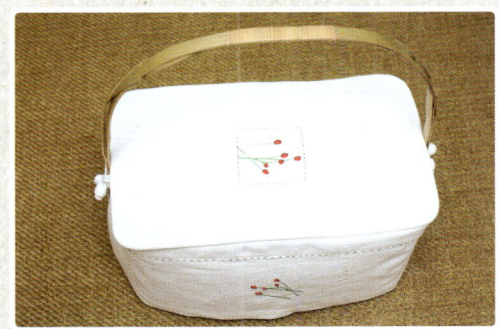

17 양쪽 옆면도 같은 방법으로 자수를 놓는다.
※ 오이풀꽃자수 : 꽃 – 프렌치넷 스티치 2겹 1회 감기, 줄기 – 아웃라인 스티치

18 손잡이(11cm×19cm) 1장을 재단한다.

19 가장자리 전체를 접어 박음질한다.

20 매직테이프(1.5cm×15cm)를 바깥쪽과 안쪽에 박음질한다.

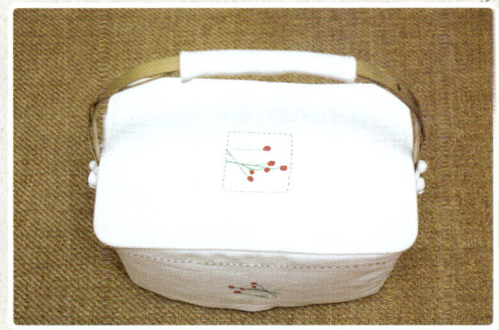

21 바구니 손잡이에 붙여준다.

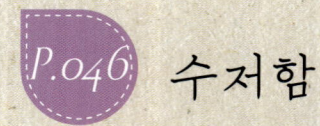

수저함

- 완성 크기 : 24cm×11cm, 5cm(높이)

원단과 재단 사이즈

무명 20수 원단(전체 110cm×40cm)
① 옆면(68cm×14cm) 1장 ② 바닥(11cm×22cm) 2장 ③ 덮개(12cm×24cm) 2장
④ 바이어스(4cm×70cm)

• 필요한 부자재 – 퀼트솜, 자수 실, 고리장식

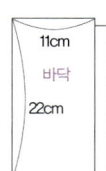

* 이렇게 만들어 보세요!

1. 옆면(68cm×14cm) 1장(01), 바닥(11cm×22cm) 2장(02), 덮개(12cm×24cm) 2장(03), 바이어스(4cm×70cm)를 재단한다.
2. 바닥 1장에 퀼트솜을 뒷면에 대주고 1.5cm 정사각형으로 누빔한다.(02)
3. 누빔한 바닥의 네 면을 옆면으로 돌려가면서 박음질한다.(05)
4. 밑면 시접은 2cm로 접어 박음질한다.(06)
5. 마무리된 수저함 바닥 옆면에서 2cm 내려간 지점에 홈질한다.(08)
6. 덮개는 다도 바구니처럼 1cm 간격으로 누빔해서 가장자리는 바이어스로 박음질한다.(09~10)
7. 옆면 중심에 연결고리를 위, 아래 중심에 만들어서 묶어준다.(11)

01 무명 20수 원단 옆면(68cm×14cm) 1장, 바닥(11cm×24cm) 2장을 재단해서 퀼트솜을 대준다.

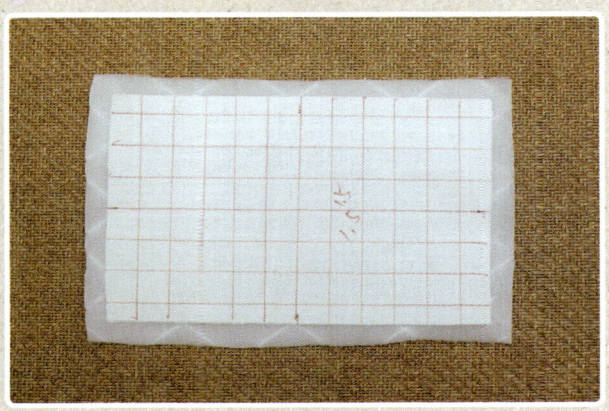

02 1.5cm 정사각형으로 누빔한다.

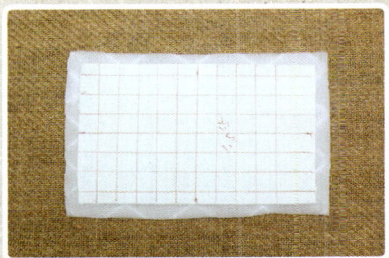

03 덮개(12cm×24cm) 2장을 재단해서 1cm 간격으로 직선 누빔한다.

04 누빔한 바닥면은 오버로크로 처리한다.

05 옆면(68cm×14cm)을 원이 되게 바닥 가장자리에 박음질한다.

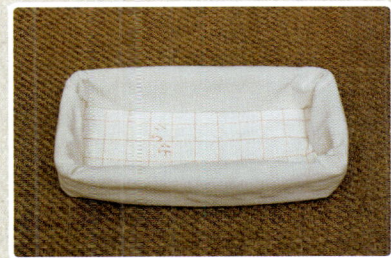

06 밑단을 2cm 접어서 박음질한다.

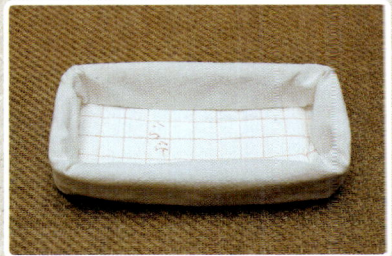

07 옆면에 고리장식을 달아준다.

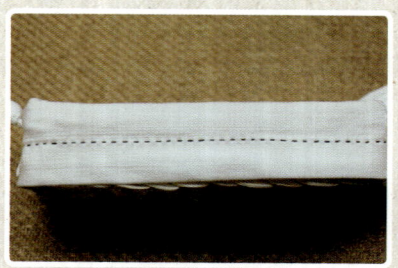

08 2cm 박음선 위에 자수실로 홈질한다.

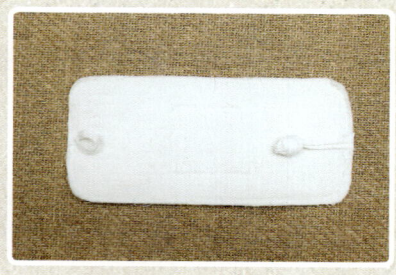

09 1cm 간격으로 직선 누빔한 덮개에 한쪽은 고리를 달고, 다른 한쪽 면에는 고리장식을 달아준다.

10

11 고리를 달아준 다음 4cm로 바이어스 박음질한다.

12 덮개 중심에 오이풀꽃 자수를 손바느질한다.

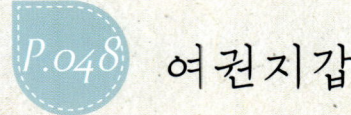

여권지갑

■ 완성 크기 : 30cm×18cm

원단과 재단 사이즈

1. 쟈가드 퀼트 원단 겉감(32cm×26cm) 1장, 주머니(32cm×13cm) 1장
2. 리넨 원단 안감(32cm×26cm), 주머니(32cm×13cm) 1장
3. 아사접착심(32cm×26cm) 1장, 주머니(32cm×13cm) 1장
- 필요한 부자재 – 가죽 끈(0.3cm×90cm), 스냅단추 1조, 가죽라벨지 1개

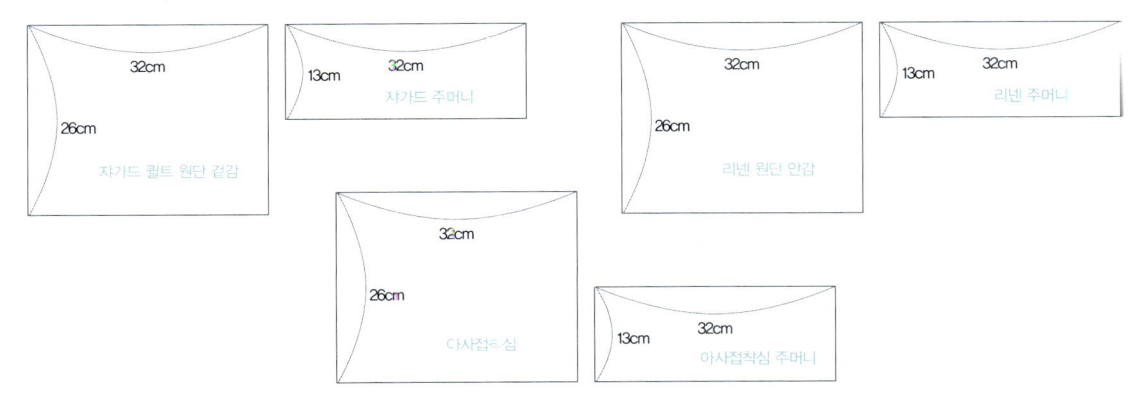

이렇게 만들어 보세요!

1. 겉감에 아사접착심을 붙여준다. 주머니도 반으로 접어서 동일하게 붙여준다. (01~04)
2. 안감에 주머니를 달고 3등분해서 중심점을 박음질한다. (05~07)
3. 겉감과 안감 겉면이 마주하게 한 후 창구멍을 남기고 박음질한다. (08~10)
4. 창구멍으로 뒤집고 공그르기한다. (11~12)
5. 윗면을 접어서 다림질하고 스냅단추를 왼쪽에 달아준다. (13~16)
6. 가죽끈을 왼쪽 면 10cm 중심점에 달아준다(왼쪽 면에 라벨을 달아준다). (17~20)

01 겉감에 아사접착심을 완성 크기로 붙여준다.

02

03 주머니도 반으로 접어서 동일하게 붙여주고 시침질 후 박음질을 한다.

04

05 안감에 주머니를 달고 3등분해서 중심점을 박음질한다.

06

07

08 겉감과 안감 겉면이 마주하게 한 후 창구멍만 남기고 박음질한다.

09 창구멍은 오른쪽 상단에 둔다.

10

11 겉감과 안감 겉면이 마주하게 한 후 창구멍으로 뒤집는다.

12 뒤집은 후 창구멍을 공그르기한다.

13 윗면을 접어서 다림질한다.

14

15 스냅단추를 왼쪽 윗면에 달아준다.

16

17 겉면 왼쪽 아랫면에 가죽 라벨지를 달아준다.

18

19 가죽끈은 왼쪽 면 10cm 중심점에 달아준다.

20

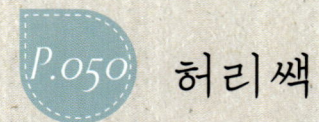

허리쌕

■ 완성 크기 : 25cm×15cm, 8cm(옆면)

퀼트 원단 겉감(전체 80cm×50cm), 안감(전체 80cm×50cm), 아사접착심(전체 80cm×50cm)
❶ 본판 앞, 뒤(27cm×17cm) 1장씩 ❷ 안감(27cm×17cm) 2장 ❸ 덮개 겉감, 안감(27cm×23cm) 1장씩 ❹ 옆면 겉감, 안감(10cm×43cm) 1장씩 ❺ 지퍼(5.5cm×38cm) 겉감 2장, 안감 2장 ❻ 앞주머니(30cm×24cm) 1장 ❼ 뒷주머니(30cm×28cm) 1장 ❽ 허리고정(실물본)(9cm×11cm, 끝점(3.5cm) 겉감으로 양면형 재단

• 필요한 부자재 – 웨이빙 끈(2.5cm×90cm), 버클(2.5cm) 1조, 가죽자석 단추(지름 3cm) 1조, 지퍼(40cm), 지퍼고리 2개

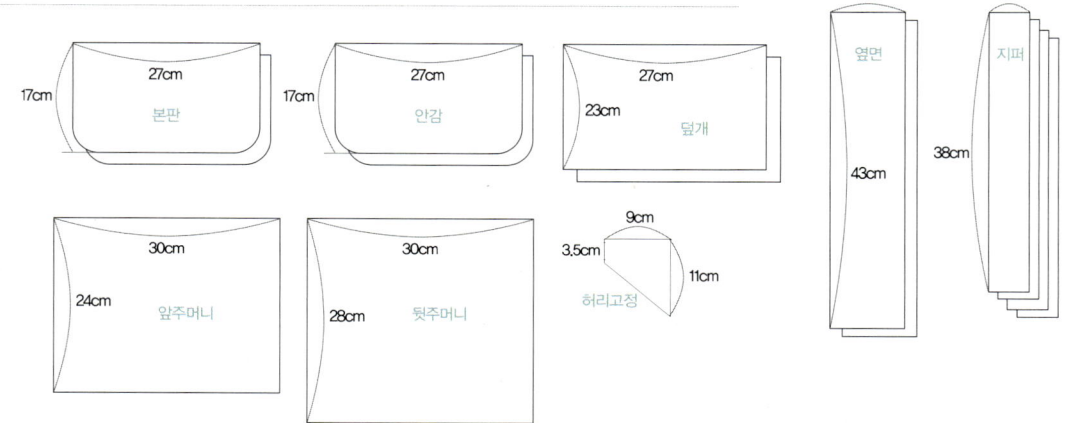

이렇게 만들어 보세요!

1. 모든 겉감에 아사접착심을 다림질하여 붙인다. (01)
2. 지퍼 부분을 겉감과 안감 사이에 끼워서 박음질한다. (02)
3. 바닥 옆면을 시접선이 안쪽으로 가도록 박음질한다. 고리는 중간에 끼워 넣고 박음질한다. (03~07)
4. 앞 겉감과 안감을 시침질 후 박음질한다. 뒤 겉감과 안감을 동일하게 시침질 후 박음질한 후 앞뒤 주머니를 달아준다. 주머니는 반으로 접어 2등분의 중심점에서 맞주름을 잡고 박음질한다. (11~15)
5. 뒷면과 옆면을 박음질할 때 허리고정 날개를 겉면과 겉 사이에 끼워서 박음질하는데, 이때 완성선에서 1cm를 내려 박음질한다. 허리고정 날개에 웨이빙끈을 넣고 박음질한다. (16~19)
6. 앞면과 옆면을 겉면끼리 마주하고 둘레를 박음질한다. (20~23)
7. 안쪽 시접선을 바이어스로 감싸 박음질한 후 공그르기로 마무리한다. (24~26)

8. 덮개는 뒤 완성선에서 1.5cm 아래로 박음질한다.
9. 자석단추는 덮개 안쪽과 앞면에 달아준다.
10. 웨이빙끈에 버클을 달아준다.

01 실물본을 사용하여 재단하고 모든 겉감에 아사 접착심을 다림질로 붙인다.

02 지퍼를 겉감과 안감 사이에 끼워서 박음질한다.

03 앞면에 지퍼를 엎어 뒷면과 마주보게 놓고 박음질한다.

04 양쪽 모두 같은 방법으로 박음질한다.

05

06

07

08 바닥 옆면과 시접선이 안쪽으로 가도록 박음질할 때, 고리도 같이 중간에 끼워넣고 박음질한다.

09

10

11 앞 겉감과 안감을 시침질 후 박음질한다. 뒤 겉감과 안감도 동일하게 한다.

12 창구멍으로 뒤집기 전 곡선 부분에 가윗밥을 주고 뒤집는다.

13 시침 박음질 후 앞 뒤 주머니를 달아준다.

14 주머니는 반으로 접어서 2등분 중심점에서 맞주름을 잡고 박음질한다.

15

16 덮개 겉감과 안감 완성선에 창구멍을 남기고 박음질한 후 뒤집고, 창구멍을 공그르기한다.

17 허리고정 날개에 웨이빙끈을 넣고 박음질 후 뒤집는다.

18 뒷면 완성면에서 1cm를 내려 허리고정 날개를 박음질한다.

19 웨이빙끈과 고정날개를 같이 박음질 한 모습이다.

20 앞면과 옆면을 겉면끼리 마주하게 하고 가장자리를 박음질한다.

21

22

23

24 안쪽 시접선을 바이어스 천으로 감싸 박음질한 후 공그르기로 마무리한다.

25

26

27 덮개는 뒤 완성선에서 1.5cm 아래로 박음질한다.

28 자석단추를 덮개 안쪽 면과 앞면에 단다.

29 웨이빙끈 양쪽에 버클을 달아준다. 버클은 개인에 맞게 길이를 조절한다.

프레임 지갑

■ 완성 크기 : 24cm×17cm

원단과 재단 사이즈

※ 실물본 사용

퀼트 원단 겉감(5cm×38cm) 6장, 안감(26cm×38cm) 1장, 옆면(12cm×14cm) 2장, 속 주머니(20cm×30cm) 1장

• 필요한 부자재 – 라운드프레임(22cm), 퀼트솜 4온스 겉감(30cm×40cm) 1장, 퀼트솜 4온스 옆면(15cm×15cm) 2장

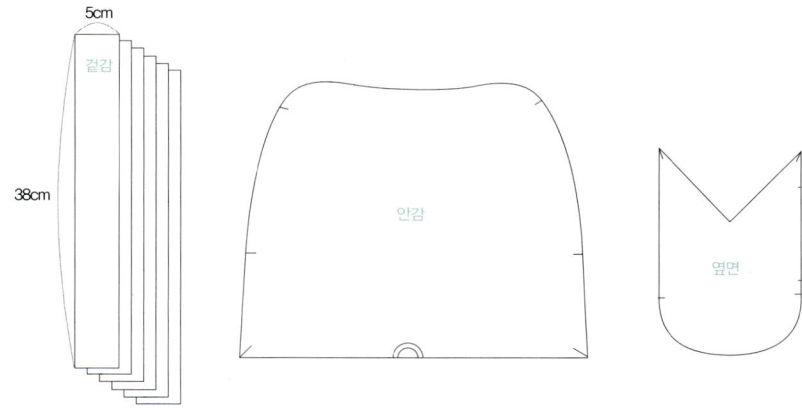

이렇게 만들어 보세요!

1. 겉감(5cm×38cm) 6장을 재단한 후, 시접(1cm)을 두고 세로로 박음질한다. 다음 실물본(프레임)을 이용하여 위, 아래를 잘라준다. (01~02) 안감(26cm×38cm) 1장,(03~05) 옆면(12cm×14cm) 2장을 재단한다. (06)
2. 겉감, 안감, 퀼트솜을 순서로 가장자리에 창구멍을 두고, 바느질 후 뒤집어 창구멍을 막은 후 3.5cm 정사각형으로 홈질한다. (03~05)
3. 옆면도 같은 방법으로 뒤집은 후 2cm 간격으로 홈질한다. (09)
4. 속 주머니(20cm×30cm)를 반으로 접어 박음질한 후 안감에 달아준다. (10~11)
5. 몸판과 옆면을 공그르기로 꿰매준다. (12~13)
6. 프레임은 중심부터 오른쪽과 왼쪽으로 달아준다. (15~17)

01 겉감(5cm×38cm)을 각각 6장씩 재단한다.

02 시접선을 1cm씩 두고 세로로 박음질한다. 실물본을 이용하여 위, 아래를 잘라준다.

03 겉감, 안감, 퀼트솜을 순서대로 놓는다.

04 가장자리에 창구멍을 남기고 박음질한다.

05 뒤집은 후 창구멍을 막은 후 3.5cm 정사각형으로 누빔한다.

06 옆면도 겉면끼리 속지와 마주놓고 퀼트솜을 뒷면에 댄다.

07 가장자리를 박음질한다.

08 뒤집은 후 창구멍을 막아준다.

09 옆면도 본판처럼 2cm 간격으로 누빔한다.

10 **속 주머니 만들기:** 속 주머니 원단(20cm×30cm) 반으로 접고 박음질 후 뒤집어서 창구멍을 공그르기한다.

11 속 주머니를 겉지 뒷면 안감쪽에 달아준다.

12 완성된 몸판과 옆면을 양쪽에 놓고 공구르기한다.

13

14 속 주머니를 달아준 모습이다.

동영상 QR 코드

꼭만들고싶은생활소품

프레임 달기

15 프레임은 중심부터 오른쪽, 왼쪽으로 달아준다.

16

17 체인 핸들을 달아주면 완성된다.

18

장지갑

원단과 재단 사이즈

■ 완성 크기 : 11cm×21cm

※ 실물본 사용

퀼트 리넨 원단 겉감(25cm×25cm) 1장

• 필요한 부자재 – 바이어스(4cm×100cm), 퀼트솜(11cm×21cm) 1장, 반제품 장지갑 (11cm×21cm), 오시도리끈(17cm), 싸개단추 소(小) 2개, 대(大) 2개

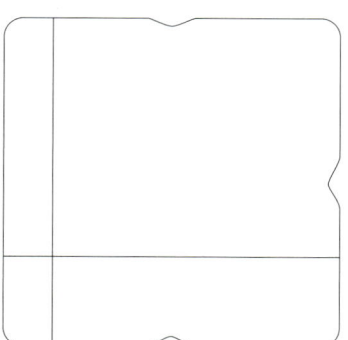

이렇게 만들어 보세요!

※ 실물본 사용

1. 겉면 원단과 퀼트솜을 합폭하여 시침선을 박음질한다. (01~03)
2. 겉면에 바이어스(1cm)로 선을 박음질한다. (04)
3. 코너와 중앙선 부분의 둥근 쪽을 가위로 잘라준다.
4. 손바느질로 반제품 장지갑과 바이어스를 안쪽으로 들어가게 하고 공그르기한다. (05~07)
5. 지퍼 고리 장식용으로 끈에 싸개단추를 끝에 달아준다. 싸개단추를 같은 크기끼리 맞추어 마주한 후 공그르기 하면서 끈을 넣고 마무리한다. (08~10)

01 가장자리를 시침 바느질 한다.

02

03 겉면에 바이어스를 1/4 등분하여 박음질한다.

04 겉면에 박음질한 모습이다.

05 뒷면에서 공그르기로 바이어스를 완성해 준다.

06 손바느질로 반제품인 장지갑과 바이어스 안쪽의 가장자리를 공그르기로 완성시켜준다.

07 반제품 지갑과 완성된 모습이다.

08 지퍼 고리는 장식용으로 끈에 싸개단추를 만들어서 끈을 넣어주고, 단추끼리 마주하고 공그르기로 완성한다.

09 오시도리끈과 싸개단추를 연결한 모습이다.

10 지퍼고리에 단추장식을 달아주면 완성된다.

스마트폰 케이스

■ 완성 크기 : 12cm×17cm

원단과 재단 사이즈

아즈미노 원단 겉지(전체 55cm×45cm), 패브릭 원단 속지(전체 55cm×45cm)

❶ 아즈미노 원단 앞, 뒤(14cm×34cm) 1장 ❷ 주머니 앞, 뒤(14cm×26cm)

❸ 배색 파샷 원단 주머니 중앙(6cm×26cm), 중심고리(6cm×16cm)

❹ 바이어스(4cm×50cm)

• 필요한 부자재 – 퀼트솜 4온스(20cm×28cm), 가죽 스냅단추(지름 2cm) 1조, 가죽손잡이 (1cm×25cm), D링(1.5cm) 2개

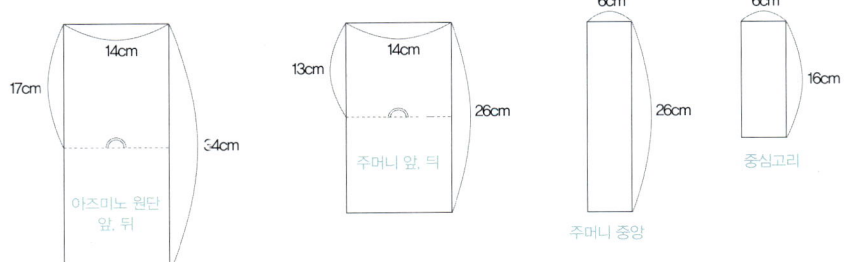

이렇게 만들어 보세요!

1. 앞뒤(4cm×34cm)를 연결해서 1장 재단한다. (01)
2. 앞뒤 주머니(14cm×26cm) 연결해서 1장에 퀼트솜을 앞뒤에 부착한다. (02~04)
3. 앞뒤 주머니 중앙에 파샷 배색 원단(6cm×26cm)을 중심에 박아준 다음, 윗면은 바이어스(폭 4cm)를 속지와 같이 박음질한다. (05~08)
4. 중심고리(6cm×16cm)는 겉과 안을 다르게 박음질해 뒤집고, 1cm 간격으로 홈질한다. (09~18)
5. 옆면고리(3cm×5cm)를 폭 1.2cm로 되게 고리를 2개 만들어준다. (08)
6. 속지도 옆면을 연결해서 속에 넣어주고 윗면을 같이 박음질한다. (18)
7. 중심고리(6cm×16cm) 만든 것을 뒷면 중심에 박음질한다. (19~20)
8. 옆면 솔기에 D링 고리를 달아준 후 바이어스로 마무리한다. (21~24)
9. 호박장식은 지름 10cm 원단을 재단하여 방울솜을 넣어 만든다. (25~28)

01 앞뒤 주머니 겉감과 안감을 시침질 후 박음질한다.

02 고리 2개는 앞뒤 주머니 중앙에 파셋 배색 원단(6cm×26cm)를 중심에 박음질한다.

03

04 윗면은 바이어스(폭 4cm) 테이프를 박음질한다.

05

06

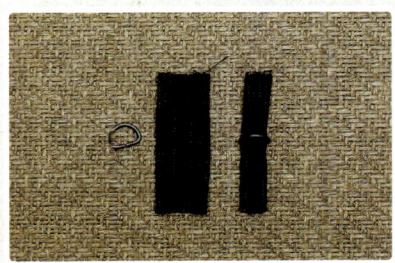

07 옆면 고리(3cm×5cm)는 폭 1.2cm로 되게 접어 박음질한다.

08 고리 2개를 D링을 넣어 만든다.

09 중심 고리(6cm×16cm)는 재단하고 퀼트솜, 겉감, 안감 순서로 박음질한다.

10

11 퀼트솜은 완성선에 가깝게 잘라낸다.

12 U자형으로 박음질한다.

13 뒤집고 1cm 간격으로 홈질한다.

14 퀼트솜 위, 겉감 앞면에 주머니를 시침질 후 박음질 한다.

15

16 안감도 접어서 박음질한다.

17

18 겉감과 안감을 끼워 넣는다.

19 뒷면 중심에 만들어 놓은 고리를 넣고 박음질한다.

20 겉감과 안감을 끼워넣고 중심고리 만든 것을 뒷면 중심에 박음질한다.

21 옆솔기에 D링 고리를 달아준다.

22

23 바이어스 천으로 마무리한다.

24

25 호박장식 만들기 원(지름 10cm)을 재단해서 1cm 가장자리를 접어서 홈질한다.

26 방울솜을 넣는다.

27 실을 당겨서 마무리한다.

28 2겹의 퀼트실로 6등분해서 적당히 당겨 볼륨감을 준 다음 가장자리에 진주장식을 달아준다.

29 가죽손잡이를 걸어준다.

30 고리 뒷면과 적당한 위치에 자석 단추를 달아준다.

31

목욕바구니(라미네이트)

원단과 재단 사이즈

■ 완성 크기 : 68cm(둘레)×30cm(높이)

1. 라미네이트 원단 겉지(전체 110cm×45cm), 속지(전체 110cm×45cm)
2. 메쉬 원단 바닥(21cm×18cm) 3. 라미네이트 원단 끈(5cm×32cm) 2장

• 필요한 부자재 – 바구니(지름 18cm×23cm)

※ 바구니 크기에 따라 만드는 법은 같다.

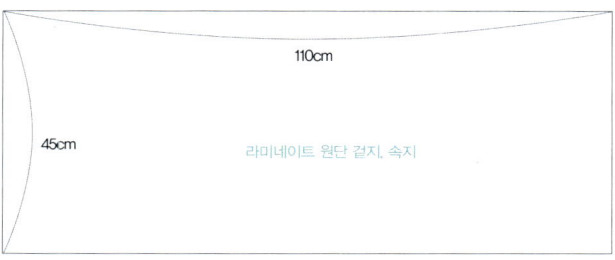

라미네이트 원단 겉지, 속지

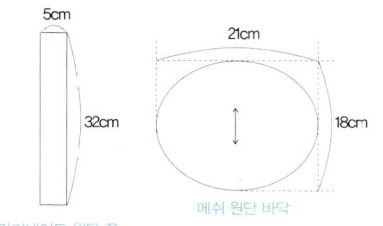

라미네이트 원단 끈   메쉬 원단 바닥

이렇게 만들어 보세요!

1. 옆면 겉지(32cm×30cm×32cm), 배색 체크 원단 옆면(5cm×32cm)로 2장을 재단한다.(01~04), 메쉬 원단 바닥(지름 18cm×23cm) 2장을 재단한다.(05)
2. 손잡이(5cm×50cm) 2장을 재단한다.(09)
3. 옆면 겉지(32cm×30cm×32cm)와 배색 체크 원단 옆면(5cm×32cm)을 박음질 후 원통형을 만든다.(06)
4. 속지(36cm×32cm)도 2장 재단한 것을 원통형으로 만들고, 메쉬 원단 바닥을 겉감 바닥과 안감 바닥 사이에 끼워서 박음질한다.(07~08)
5. 끈은 완성폭 3cm로 앞뒤 접어서 옆면을 박음질한다.(09)
6. 윗면 중심에서 4cm 좌우 위치에 끈박기 후 윗면을 접어서 2줄을 박음질한다.(10~12)
7. 완성된 바구니에 플라스틱 바구니를 덮어준다.(13)

01 옆면 겉지(32cm×30cm×32cm), 배색 체크 원단 옆면 (5cm×32cm) 2장을 재단한 다음 옆솔기를 박음질한다.

02 겉감을 박음질 후 뒤집고 속지도 동일한 방법으로 색상만 바꾸고 만든다.

03 속지 무지 원단에 옆면 배색을 박음질해 겉감과 같이 만든다.

04

05 바닥 메쉬 원단을 실물본을 사용하여 재단하고 겉감바닥과 속지 바닥 사이에 끼워서 박음질한다.

06 겉면에 메쉬 원단을 박음질한 다음 겉감과 속지를 바닥에서 연결한다.

07

08

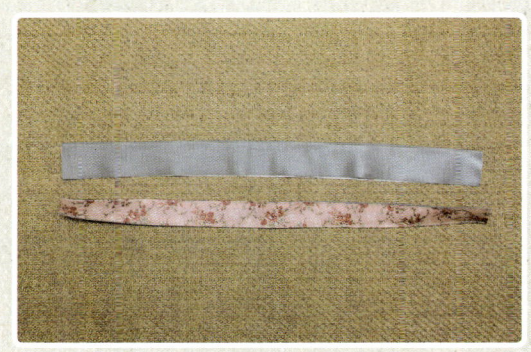

09 끈의 완성폭(3cm×50cm)은 꽃무늬 1줄과 무지 1줄을 준비한다.

10 겉면에 앞뒤 끈을 2개 박음질한다(윗면 중심에서 좌우 위치).

11 속지와 1cm씩 접어서 윗면에서 박음질 한다. **12**

13 완성된 바구니에 플라스틱 바구니를 넣어준다.

여행용 가방

원단과 재단 사이즈

■ 완성 크기 : 42cm×25cm

천연염색 원단(0.2mm 누빔) 겉감(110cm×100cm), 안감(110cm×100cm)

※ 시접포함(겉감과 안감을 동일하게 재단한다)

❶ 몸판 전체(45cm×75cm) 1장, 상단 지퍼 덮개(43cm×9cm) 1장, 윗면 덮개(11cm×9cm) 1장

❷ 주머니 가로면(45cm×54cm) 1장, 긴 주머니 덮개(38cm×9cm) 1장, 옆 주머니(25cm×16.5cm) 1장, 오른쪽 덮개(18cm×9cm) 1장 ❸ 손잡이(10cm×105cm) 2장

• 필요한 부자재 – 퀼트솜 8온스(110cm×100cm), 지퍼(45cm) 3개, (25cm) 1개, 가죽고리(지퍼용) 4개, 매직테이프(10cm) 1쌍, 가죽장식 D링 2개, 크로스형 핸들 1개, 바이어스 (4cm×500cm), 가방 발 4조

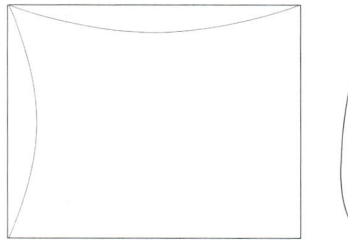
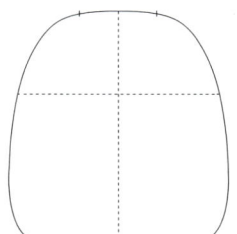

이렇게 만들어 보세요!

1. 손잡이를 4등분으로 접어 두줄 박음질한다. (01)
2. 몸판(45cm×75cm) 위에 끈 위치를 정하고 박음질한다. (02~03)
3. 주머니 가로 본판에 재단한 것을 옆면에 지퍼를 달고 반대쪽 덮개가 있는 주머니에 중심선을 박음질한다. (04~08)
4. 주머니를 퀼트솜과 속지를 합폭하여 시침질 후 박음질한다(바이어스, 매직테이프, 주름주머니 달기). (10~26)
5. 가방 본판 윗면에 상단 지퍼 덮개를 지퍼로 달아준다. 각 덮개와 주머니를 달아준다. (27~34)
6. 옆면 주머니는 앞면에서 바이어스로 박음질 후 뒷면에서 공그르기한다. (35)
7. 옆면 주머니를 단 후, 전체 바이어스하여 뒤집는다. 가죽장식 D링을 윗면지퍼 부분에 걸어준다. (36~38)

01 손잡이(10cm 부분)를 4등분으로 접어서 두줄 박음질한다.

02 몸판(45cm×75cm) 위에 손잡이 위치를 정하고 박음질한다.

03 손잡이 위치는 위에서 아래로 8cm, 양쪽 끝에서 9.5cm로 한다.

04 주머니 가로면(45cm×54cm) 전체, 재단한 면에 퀼트솜과 속지를 몸판 위에 올려놓고 시침질 후 박음질한다.

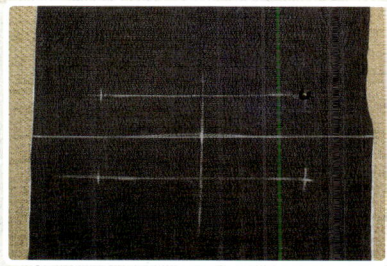

05 가방발 위치는 양쪽 모서리 7cm, 중심존에서 좌우 10cm 위치에 맞춘다.

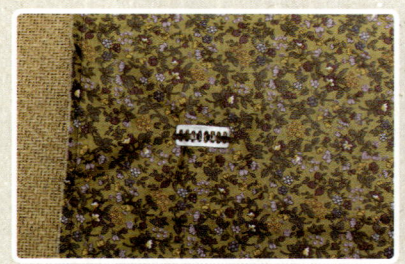
06 겉쪽 발과 안쪽 소꼬발을 조여준다.

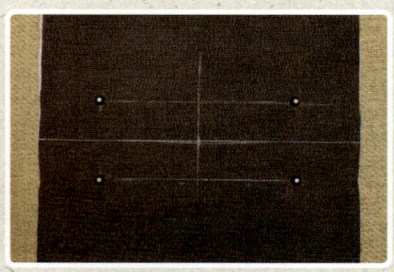
07 겉쪽 네 곳에 발을 끼운다.

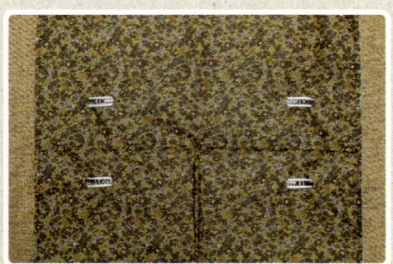
08 안쪽 네 곳을 고정시켜 준다.

09 전체 겉면에 퀼트솜과 속지를 합폭하여 시침질 후 박음질한다.

10 상단 지퍼 부분(43cm×9cm)도 세로면 두 곳은 겉면, 퀼트솜, 속지 순서로 겹쳐 끼고 올려 놓는다.

11 겹쳐진 원단의 양쪽 세로 부분을 바이어스로 감싸준다.

12 윗면 덮개도 겉면, 퀼트솜을 뒷면에 댄다.

13 겉면과 합체하여 바이어스를 박음질한다.

14 속지에 매직테이프를 박음질한다.

15 상단 지퍼 덮개가 완성되면 위에 매직테이프를 달아준다.

16 윗면 덮개와 상단 지퍼 덮개에 매직테이프가 달린 모습이다.

17 주머니 가로 부분에 바이어스를 겉면에서 박음질하고 뒷면으로 넘겨서 공구르기한다.

18 공그르기로 마무리하고 손바느질로 지퍼를 달아준다.

19 상단 왼쪽면에 지퍼를 단 모습이다.

20 가방 본판 윗면의 가로면은 바이어스로 박음질하고 공그르기로 마무리한다. 다음 손바느질로 상단 오른쪽면에 지퍼를 달아준다.

21 덮개를 달 왼쪽 주머니는 옆면 속지와 겉면에 퀼트솜을 넣고 시침질 후 박음질한다.

주름잡을 주머니

22 주름잡을 주머니에 퀼트솜을 넣고 안감과 함께 시침질 후 박음질한다.

23 오른쪽 지퍼를 달 주머니도 퀼트솜을 넣고 안감과 함께 시침질 후 박음질한다.

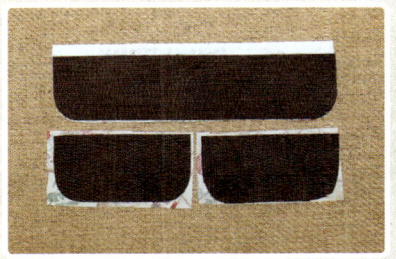
24 긴주머니 덮개도 퀼트솜과 안감을 같이 시침질 후 바이어스 박음질한다.

25 왼쪽 덮개 주머니에 주름을 달아 바이어스로 박음질하고 오른쪽 지퍼 덮개도 바이어스로 박음질한다.

26 왼쪽 주머니에 덮개를 달아준다. 오른쪽 주머니에는 지퍼를 달아준다.

27 본판의 상단 지퍼 덮개는 바이어스로 박음질한다.

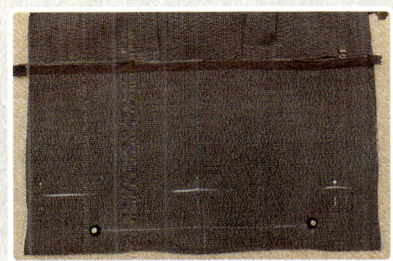
28 몸판과 주머니에 세로로 2등분하여 박음질한다.

29 1cm 위에 윗면 덮개를 달아준다.
※ 겉면과 뒷면을 공그르기한다.

30 반대쪽 주머니 가로면은 몸판과 같이 전체 길이로 지퍼를 달아준다.

31 주머니 가로면에 지퍼를 단 모습이다.

32 윗면 덮개는 중심선에서 좌우로 공그르기한다.

33 옆주머니와 몸판 옆면에 중심부터 좌우로 위치를 맞춰서 박음질한다.

34

35 양쪽 옆주머니를 박음질 후 뒤집는다.

36 겉면에서 박음질한 바이어스를 뒤쪽으로 접어서 손바느질로 공그르기한다.

37 바이어스를 겉면에서 박음질한 후 손바느질로 마무리한다.

38 옆면 주머니 위에 가죽고리를 달아주고 크로스 끈을 걸어준다.

백팩(배낭)

■ 완성 크기 : 25cm×32cm, 10cm(폭)

원단과 재단 사이즈

퀼트 리넨 원단 겉감(110cm×90cm), 안감(110cm×90cm), 바이어스(4cm×270cm)

※ 실물본 사용

❶ 겉감 : 앞면, 뒷면 각 1장, 주머니 앞, 뒤 각 1장

❷ 안감 : 앞면, 뒷면 각 1장, 퀼트솜 3장

❸ 옆면 : 겉감 2장, 안감 2장 ❹ 바닥 : 겉감 1장, 안감 1장 ❺ 덮개 : 겉감 1장, 안감 1장

• 필요한 부자재 – 웨빙 배낭끈 1조, 옆면 스냅단추(2cm) 2조, 스냅단추(3cm) 1조, 연결고리(앞면) 2조, 퀼트솜 6온스(110cm×90cm)

이렇게 만들어 보세요!

1. 겉감 앞면과 바닥, 뒷면을 연결해준다. (01)
2. 옆면 2장에 작은 주머니 윗면을 바이어스로 박음질 후 부착한다. (03)
3. 속지에 속 주머니를 달아준다. (04)

※ 윗면 바이어스로 박음질한 후

4. 앞면에 옆면 주머니 달린 것을 중심선에 맞추어 박음질한다. (05)
5. 속 주머니 윗면은 바이어스로 박음질한다. (06)
6. 위에 만든 앞과 주머니에는 모두 퀼트솜을 부착한다.
7. 덮개도 퀼트솜을 부착한다. 앞면, 퀼트솜, 속지 순서로 놓고 바이어스로 뒷면만 빼고 삼면만 박음질 한다. (09~16)
8. 윗면 뒤쪽 중심선에 덮개 중심을 박음질한 후 전체 바이어스를 한다. (17~20)
9. 옆면 2cm 위치에 스냅단추를 달고, 바닥 중심선에서 10cm 올라간 뒷면 위치에 배낭끈 삼각 쿠분을 미리 달아준다. (21~11~12~13)
10. 뒷면 위 중심선에 배낭끈 윗면도 꿰매준다. 앞 덮개 연결고리도 앞면에서 11cm 내려간 지점에 꿰매 준다. (24~25)

01 백팩(배낭 가방 재료, 재단 실물본 사용. 겉 앞면과 바닥 겉 뒷면을 연결해준다.

02 옆면 주머니 부분 2장 뒷면에 각각 퀼트솜을 대주고 안지를 받쳐서 시침질 후 바느질을 해준다.

03 작은 주머니 윗면에 바이어스로 박음질한다.

04 바이어스로 박음질한 주머니를 옆면에 부착해준다.

05 속 주머니도 안감과 합체해서 윗면에 바이어스를 박음질한다.

06

07 본판속지에 속 주머니를 달아준다. 몸판 쪽으로 단다.

08 덮개는 퀼트솜과 안지를 재단해서 겉면끼리 마주 놓고 뒤쪽에서 한쪽면만 박음질한다. 솜은 바짝 자르고 앞면으로 넘겨준다.

09 U 라인 부분만 바이어스를 박음질한다.

10 등 부분의 몸판 옆면 바닥 중심에서 10cm 올라간 지점에서 배낭 끈의 삼각부분을 미리 달아준다.

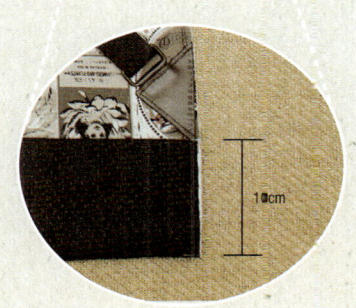

11 겉면에서 끈을 부착한 다음 옆면 주머니 부분을 박음질한다.

12 뒷면에서 바이어스로 솔기를 감싸서 마무리해준다.

13

14 덮개는 몸체 등부분에 속과 겉을 구분해서 위치를 맞춰놓는다.

15 윗면 바이어스로 박음질한다.

16

17 덮개를 겉면에서 공그르기로 손바느질하고 뒷면에서도 공그르기한다.

18 뒷면 덮개 꿰맨 중심부분에 배낭끈을 손바느질로 꿰매준다.

19 윗면 중심에 3cm 스냅단추를 달아준다.

20 옆면도 윗면에서 2cm 사방지점에 2cm 스냅단추를 달아준다.

21 앞면 중심에서 11cm 내려간 지점과 넓이는 앞 중심을 기준으로 10cm 가량 좌우로 해서 연결고리를 위아래로 달아준다.

22

23

24 연결고리가 완성된 모습이다.

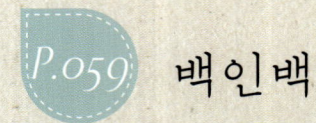

백인백

■ 완성 크기 : 25cm×40cm

원단과 재단 사이즈

퀼트 쟈가드 원단 겉감(전체 55cm×45cm), 퀼트 리넨 원단 안감(전체 55cm×45cm)

❶ 겉감(25cm×40cm) 1장, 접착심(25cm×40cm) 1장, ❷ 안감(25cm×40cm) 1장
❸ 지퍼 달 부분(25cm×43cm) 1장, (35cm×12cm) 1장, ❹ 파우치(20cm×14cm) 시접(1cm씩) 2장 ❺ 레이스(14cm×35cm) ❻ 고무밴드(0.7cm×20cm) ❼ 파우치 접착심(33cm×27cm) 1장
❽ 바이어스(4cm×135cm) ※ 파우치 바닥 스냅단추(⊕) 위치(7cm) 간격 달기

• 필요한 부자재 – 가죽자석단추(지름 3cm) 1개, 지퍼(25cm) 2개, 스냅단추(2cm) 2쌍

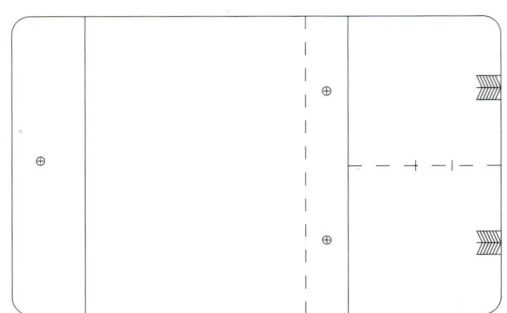

이렇게 만들어 보세요!

〈속지 만드는 법〉

1. 안감 겉면에서 7.5cm 위치에 지퍼를 달아준다. (02~03)
2. 지퍼에서 18cm 위치에 주머니를 달고 경계선을 박음질한다. (04~06)
3. 2등분 중심선에 맞주름을 주고 좌우 동일하게 박음질한다. (10)
4. 윗면 레이스 꽃부분 2.5cm 선 안에 고무밴드를 부착한다. (07~09)
5. 중심선을 박음질한다. (24~25)

01 겉감에 아사접착심을 다림질로 붙여준다.

02 속지는 윗면에서 7.5cm 위치에 잘라서 오버로크한다.

03 지퍼를 달아준다.

04 속지를 같은 크기로 겉면과 지퍼 안쪽이 마주하게 하여 시침질 후 박음질한다.

05 지퍼에서 18cm 위치한 경계선에서 박음질한다.

06

07 레이스(14cm×35cm)로 재단한다.

08 윗면 레이스의 꽃 부분 2.5cm 선 안에 고무밴드를 넣고 박음질한다.

09

10 레이스 주머니 하단 12cm 선에 중간점에 경계선을 박음질하고 옆면과 밑면을 시침질 후 박음질한다.

11   **12**

13   **14**

15 레이스를 박음질한 속지에 퀼트솜과 겉지를 시침질한다.

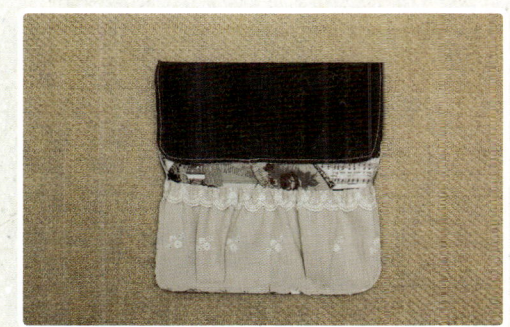

16

17 겉면에서 바이어스를 박음질한다.

18 속지 쪽으로 넘겨준 바이어스를 공그르기로 손바느질한다.

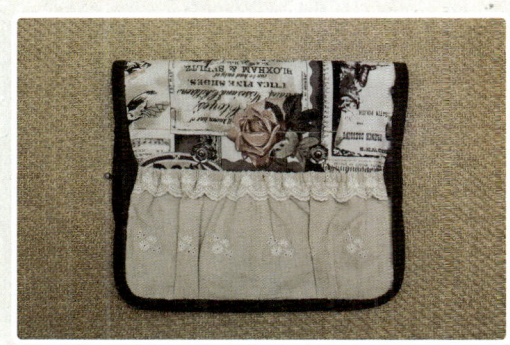

19

20 가장자리를 바이어스로 완성한다.

21 파우치로 시접(33cm×27cm)을 주고 재단한다.

22 속지도 같은 크기(33cm×27cm)로 재단한다.

23 파우치 겉면 뒷지에 아사접착심지를 다려서 붙여준다.

24 입구(27cm) 쪽에 바이어스를 박음질한다.

★ 이렇게 만들어 보세요!

〈파우치 만드는 법〉

1. 겉감과 안감을 겹쳐 박음질한다. (25)
2. 지퍼를 달기 전에 바이어스를 안감 쪽에 박음질 후 겉면에서 마무리하여 달아준다. (26~29)
3. 옆면은 세로 방향에 양쪽 1cm 박음질 후 바닥 므서리를 4cm씩 박음질한다. (30~32)

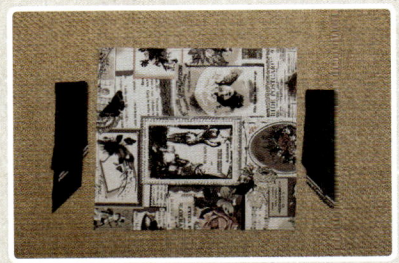

25 바이어스는 뒷면에 박음질 후 앞면으로 넘겨서 다시 박음질한다.

26 지퍼를 좌우로 열어서 달아준 후 지퍼고리를 끼워준다.

27 네 군데 므서리는 삼각접기로 4cm씩 박음질한다.

28 지퍼를 달아서 뒤집어준다.

29 지퍼를 달고 고리를 끼운 속지이다.

30 네 모서리는 삼각 부분을 4cm씩 박음질 한다.

31

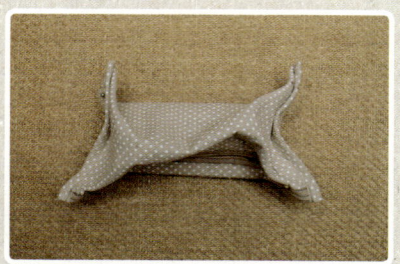

32 완성된 속 파우치 모습이다.

33 겉면에서 바닥 중심 좌우 5cm 지점의 두 군데에 스냅단추를 달아준다.

34

35 가죽자석 단추 3cm 블록부분은 덮개쪽 1cm 아래로 달아준다.

36 앞면 중심에서 4cm 아래로 오목 부분을 달아준다.

37 청동장식으로 겉면에 달아주면 완성한다.

알루미늄 휠 백

원단과 재단 사이즈
■ 완성 크기 : 50cm×28cm(높이)

① 리넨 원단 겉감(52cm×30cm) 2장 ② 퀼트 원단 안감(52cm×30cm) 2장

③ 배색 원단(8cm×50cm) 2장

• 필요한 부자재 – 휠(30cm), 숄더끈(길이 50cm) 1조, 4온스 퀼트솜, 2온스 접착솜

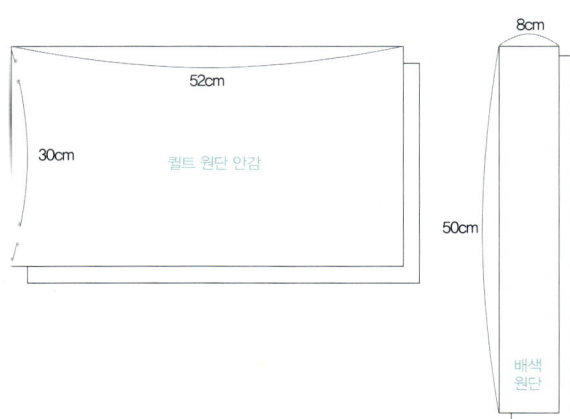

이렇게 만들어 보세요!

1. 겉면(52cm×30cm) 2장, 안감(52cm×30cm) 2장을 재단한다.
2. 휠 손잡이는 바이어스 폭 8cm, 길이 50cm 2장을 재단한다. (01~02)
3. 겉감은 재단한 앞면에 휠 싸개 바이어스의 끝부분을 접어 박음질한 후 반으로 접어서 박음질한다. (03~04)
4. 뒷면에 퀼트솜을 부착, 안감과 같이 박음질한 후 바닥과 옆면을 연결해준다. (05~06)
5. 속지에 창구멍을 두고 뒤집어서 공그르기로 꿰매준다. (07~09)
6. 휠의 나사를 풀고 끼워준 다음 다시 나사로 조여준다. (14~15)
7. 숄더끈은 중심 6cm씩 좌우로 띄워서 꿰매준다. (16~17)

01 휠 손잡이(50cm×8cm)를 재단해서 2온스 접착솜을 부착한다.

02 손잡이용 고리 옆면은 접어 박음질하고 폭으로 반을 접어서 시침질 후 박음질한다.

03 52cm×30cm 겉면 2장을 중심박기한 후 통로에 고리박음질을 한다. 위 아래를 박음질한다.

04 겉면의 뒷면에 4온스 퀼트솜을 대주고 시침질 후 박음질을 한다.

05 앞면 안감에 앞면을 마주 놓고 창구멍을 둔다.

06 가장자리를 박음질한다.

07 시접솜을 바짝 자른 후 옆면 창구멍으로 뒤집어 준다.

08 휠 통로 박음질. 아래 1cm 밑면에 2겹 자주실로 홈질하여 안정감 있게 손바느질한다.

09 옆면 솔기를 속지에서 공그르기한다.

10 겉면에서도 공그르기한다.

11 바닥 삼각은 10cm 자리를 잡아서 홈질해준다.

12

13

14 휠 통로에 나사를 풀고 끼워준 후 나사를 조여준다.

15

16 핸들을 달 위치를 정한다.

17 핸들은 중심에서 좌우로 6cm 띄운 후 끈을 달아준다.

18 가죽 핸들이 달린 휠 가방이 완성된다.

DIY 취미실용 분야 추천 도서
초보자부터 전문가까지 모든 핸드메이드들을 위한

매일매일 즐거운 자수도안 365
일본보그사 지음 | 이보라 역 | 88쪽 | 12,000원
문득 생각날 때마다 퐁퐁 수를 놓으면, 어느새 완성!

매일매일 즐거운 가방 만들기 365
쿠라이 무키 지음 | 홍희정 역 | 84쪽 | 12,000원
재봉은 처음 하지만 나만의 오리지널 가방을 만들고 싶다면 추천!

매일매일 즐거운 아플리케 도안 365
일본보그사 지음 | 이보라 역 | 88쪽 | 12,000원
문득 생각날 때마다 퐁퐁 바느질을 하면, 어느새 완성!

매일매일 즐거운 가죽잡화 만들기
우치다 미즈메 외 1명 지음 | 홍희정 역 | 104쪽 | 12,000원
시간이 흐를수록 멋이 더해지는 나만의 가죽잡화 만들기!

손바느질로 만드는 예쁜 옷 리폼
아카하시 에미코 지음 | 홍희정 역 | 80쪽 | 12,000원
간단하게 만드는 리메이크 아이디어가 가득!

핸드메이드 가죽공예
김진 지음 | 272쪽 | 20,000원
통가죽으로 만드는 다양한 명품 가죽공예 19가지 실용적이고 세련된 가죽공예 만들기

홈패션 소품 59
박소영, 정호정 지음 | 312쪽 | 22,000원
인기 있고 예쁜 59가지의 소품을 골라 소개한 홈패션 패턴북!

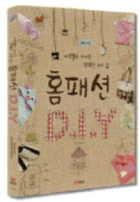
재봉틀로 꾸미는 행복한 우리 집 홈패션 D.I.Y
청강아카데미(전혜숙 외 9명) 지음 | 298쪽 | 19,800원
홈패션 강사진들이 뭉쳐 초보자들에게 선물하는 50가지 홈인테리어

핸즈네 유기농 아기용품 D.I.Y
김경희 지음 | 152쪽 | 14,800원
친환경소재 오가닉코튼을 이용한 우리아기 옷, 아기용품 바느질 D.I.Y

작은 비용으로 큰 기쁨 주는 선물 DIY 46
정올미, 최순자 지음 | 216쪽 | 14,800원
독창적이고 예쁜 선물 공예품을 만드는 방법

판명희의 행복한 바느질 세상 옷 만들기
판명희 지음 | 176쪽 | 13,800원
행복한 주부이자 핸드메이드 달인 명희 씨와 함께하는 옷과 소품 만들기 대작전

제작에서 꾸미기까지 구체관절인형
이홍자 지음 | 128쪽 | 16,000원
아름다운 인형을 만드는 조형예술가 이홍자와 함께 만드는 구체관절인형

아름다운 펠트공예 장난감 만들기
박정선(이지펠트) 지음 | 248쪽 | 19,800원
펠트로 만드는 다양한 놀잇감과 아기용품, 아름다운 생활 소품이 가득!

아름다운 비즈 공예
국영주, 유진영 지음 | 188쪽 | 16,800원
풍부한 사진 자료와 구슬 하나하나의 방향까지 상세히 보여주는 도안 수록

아름다운 리본공예
김선영 지음 | 188쪽 | 16,800원
액세서리에서 인테리어까지 내 손으로 해결!

아름다운 와이어공예
김민정 외 4명 지음 | 196쪽 | 16,800원
내 손으로 빚어내는 아름다운 와이어공예

아름다운 클레이아트
양영미 지음 | 236쪽 | 17,800원
어린아이에게도 안전한 무독성 점토를 이용한 다양한 공작 교육

최정윤 The Art of Sugarcraft
최정윤 지음 | 136쪽 | 25,000원
설탕으로 만드는 아름답고 신비로운 각종 장식물 슈가크래프트!

북유럽풍 스타일의 코바늘 소품
(주)이.앤드.지 크리에이트 | 김영희 감역 | 80쪽 | 10,000원
북유럽 거리의 아름다운 풍경을 떠올리면서 따뜻한 손뜨개질 시간을 가져보자!

윙윙 클레이
정영희 외3인 지음 | 192쪽 | 15,000원
인체에 무해하고 색상이 선명하며 촉감이 좋은 신소재로 아이들의 지능 계발을 해보자!